# 时代之问

中国共产党
如何领导
新的社会革命

〔法〕魏柳南◎著

池宗华◎译

Question
of
the
Times

党建读物出版社

CONTENTS

# 目　录

## 第二章 >>>

## “最多跑一次”：建设让人民满意的服务型政府



## 第三章 >>>

## 从“中国制造”迈向“中国智造”



## 第四章 >>>

## “让人民群众在每一个司法案件中都感受到公平正义”

## 第五章 >>>

## 协商治理：释放“人民当家作主”的活力



## 第六章 >>>

## 平衡也是硬道理



## 第七章 >>>

## “想群众之所想，急群众之所急”

## 第八章 >>>

## 智慧、便捷、平安：点亮百姓新生活



## 第九章 >>>

## 全面小康路上，一个也不能掉队



## 第十章 >>>

## "绿水青山就是金山银山"

# 时代之问

## 引言

『时代是出卷人，我们是答卷人，人民是阅卷人』

2018 年 1 月 5 日，元旦刚过，中共中央党校举办了新进中央委员会的委员、候补委员和省部级主要领导干部学习贯彻习近平新时代中国特色社会主义思想和党的十九大精神研讨班。在开班式上，习近平提出："新时代中国特色社会主义是我们党领导人民进行伟大社会革命的成果，也是我们党领导人民进行伟大社会革命的继续，必须一以贯之进行下去。"[①]

这里，出现了两个关键词：新时代、伟大社会革命。新时代是中共十九大对中国目前所处历史方位的新论断，伟大社会革命则是中共对新时代自身历史使命的自觉。这两个关键词是准确把握中国未来走向的一把钥匙。

## 一、新时代：如何实现中华民族伟大复兴

"新时代"，一个看似平常的词语，却包含着非常丰富的意蕴。

"时代"，体现的是一种深邃的历史意识。它要回答的是：我们从哪里来，要到哪里去？

① 习近平：《以时不我待只争朝夕的精神投入工作　开创新时代中国特色社会主义事业新局面》，《人民日报》2018 年 1 月 6 日，第 1 版。

从马克思开始，共产主义政党就将自身的纲领和策略建立在对历史的分析之上。马克思立足于他所处的资本主义时代，向后，他追溯了原始社会、奴隶社会和封建社会，明晰了资本主义社会从哪里来；向前，他展望了共产主义的美好愿景，指出了资本主义时代将通往何处。马克思不仅通过对资本主义社会基本矛盾的分析，指出了通向共产主义社会的基本路径，而且用《资本论》这一杰出的范例，为共产党人提供了有效进行历史分析的工具。

在过去一个世纪的时间里，中国共产党继承了马克思的历史唯物主义方法，并将之用于分析中国不同历史时期所面临的任务和使命。

毛泽东称其所处的时代为“新民主主义”时期，共产党的历史使命是使中华民族“站起来”，洗刷百年耻辱，实现民族独立与人民解放，实现人民当家作主。1949 年 10 月 1 日，毛泽东在天安门城楼上庄严宣告了中华人民共和国的成立，中国人民从此站起来了，共产党人完成了那个时期的历史使命，建立了社会主义。

邓小平称其所处的时代为“社会主义初级阶段”，共产党的历史使命是使中华民族“富起来”。“贫穷不是社会主义”，邓小平要通过改革开放，解放和发展生产力，释放和增强社会活力，让千千万万的中国人走向共同富裕。2010 年，中国国内生产总值（GDP）超过日本，成为世界第二大经济体，中国共产党找到了一条中国特色社会主义道路。

今天，习近平称其所处的时代为“新时代”，共产党的历史使命是使中华民族“强起来”。“强”不仅仅包括经济实力、军事实力，还包括政治制度、社会治理、价值观等软实力。

“站起来”横跨新民主主义革命时期、社会主义革命和建设时期；“富起来”横跨社会主义建设时期、改革开放和社会主义建设新时期；“强起来”贯穿改革开放和社会主义现代化建设新时期，并将引领一个新的时代。

不同的历史时期需要不同的行动指南和行动策略。

“新”，标识的是“时代”所处的具体历史方位，它要回答的是中国现在立于何处。“新时代”之“新”，既是一个事实判断，也是一个价值判断。

作为事实判断，“新”是相对于过去40多年而言的。经过40多年的改革开放，中国发生了历史性变革，取得了历史性成就，综合国力显著提高，人民生活得到极大改善，“现在，我们比历史上任何时期都更接近中华民族伟大复兴的目标”[①]。

作为价值判断，“新”表达了中国共产党对未来的期盼。中共要通过全面深化改革，建设一个“新”的美好社会，并以之为基础，为向更高级阶段的社会主义过渡提供基础。

“新时代”，是一个概念透镜，透过它，折射出的是中国共产党新的前进方向的目标、策略和理念。[②]

---

① 中共中央文献研究室编：《十八大以来重要文献选编》（上），中央文献出版社2014年版，第83页。

② ［美］罗伯特·劳伦斯·库恩：《2017，站在历史长河中看中国这一年》，中国日报网，2017年12月29日。

事实的“新时代”并不等于价值的“新时代”，从事实的“新时代”到价值的“新时代”，需要一次飞跃。没有这惊人的一跃，不能处理好发展过程中效率和公平的关系，中国很可能像很多发展中国家一样，掉入“中等收入陷阱”而前功尽弃。这对中国共产党而言是一次新的赶考。

1949 年 3 月 23 日上午，中共中央从西柏坡动身前往北京时，毛泽东说：“今天是进京赶考的日子。”70 多年的实践证明，中共在这场历史性考试中取得了优异成绩。70 多年后的今天，习近平说，这场考试还没有结束，还在继续。这场考试由人民来主考，考的是党为人民谋利益的业绩，考的是党的领导水平和执政能力。

如果说，70 多年前中共面临的考试是如何从革命夺权转向国家建设的话，那么，今天中共面临的考题则是，如何带领人民进行伟大的社会革命、实现中华民族的伟大复兴。

这是历史之问，是人民之问，也是——时代之问！

“时代是出卷人，我们是答卷人，人民是阅卷人”！①

然而，要交出一份让人民满意的答卷绝非易事：

环顾宇内，40 多年的改革开放，使中国一跃成为世界第二大经济体。但粗放的发展方式，也带来了一系列深层次的问题和矛盾：经济结构不合理，区域、城乡发展不平衡；贫富差距拉大，社会道德滑坡，资源环境的承载能力已近极限。

---

① 习近平：《以时不我待只争朝夕的精神投入工作　开创新时代中国特色社会主义事业新局面》，《人民日报》2018 年 1 月 6 日，第 1 版。

放眼世界，国际金融危机硝烟未散，逆全球化浪潮勃然而兴，特朗普的“美国优先”战略让中美之间的贸易战刀光剑影。世界经济增长持续乏力，全球治理困局凸显，地区冲突、恐怖主义、极端主义甚嚣尘上。世界又一次走到了历史的十字路口。

面临百年未有之大变局，中国往何处去？中国共产党会交一份怎样的答卷？

## 二、新答卷：以党的自我革命领导新的社会革命

中国共产党给出的答卷是：以党的自我革命领导新的社会革命。

中国共产党是一个革命政党，革命的基因流淌在中国共产党的血液之中。但革命有广义和狭义之分。改革开放以来，中共的革命话语经历了一个转化。早在1985年，邓小平就提出“改革是中国的第二次革命”，从而让“革命”话语走出了长期以来一个阶级推翻另一个阶级的革命想象，赋予革命以更为丰富的内涵。在某种意义上，“革命”一词回到其在古汉语中的本义——“革故鼎新”。当习近平讲中国共产党“能够进行伟大的自我革命”时，指的就是自我净化、自我完善、自我革新、自我提高。[①]

与革命一样，社会革命也有广义和狭义之分。狭义的社会革

① 习近平：《在庆祝中国共产党成立95周年大会上的讲话》，《人民日报》2016年7月2日，第2版。

命主要指社会生活的全面变革，它包含人与自然的关系、人与人的社会关系，思维方式、价值观念等领域的重大变革。[①] 广义的社会革命则不仅包括狭义的社会革命，而且包括狭义社会革命的前提——政治革命，通过夺取国家政权为社会革命开辟道路，就像列宁所言"一切革命的根本问题是国家政权问题"，以及狭义社会革命的基础——经济革命，按照马克思主义的原理，经济基础决定上层建筑。

当习近平提出以党的自我革命领导新的社会革命时，此处的"社会革命"既指涉广义的社会革命，也特指狭义的社会革命，而且，重心在狭义的社会革命。尽管狭义的社会革命是重心，但这并不排斥广义的社会革命，而且需要广义的社会革命予以配合。事实上，十八大以来中共提出"五位一体"总体布局和"四个全面"战略布局，背后蕴含的正是狭义社会革命和广义社会革命之间的辩证关系。

20世纪90年代以来，"告别革命"曾经成为一种流行的思潮，认为中国共产党通过革命夺取政权之后，应该告别革命思维，实现从革命党到执政党的转变。在这种观点看来，革命是改革的对立物，革命就是狭义的革命，专指"一个阶级推翻另一个阶级"。邓小平的"改革也是一场革命"突破了这种狭义革命的观念，习近平则在此基础上为社会革命注入了一种深邃的历史意识，用"伟大社会革命"来统摄中国共产党领导中国人民的革命、建设和改

① 赵国利、刘林：《马克思列宁卢森堡对"社会革命"的理解》，《人民论坛》2014年第35期，第205—207页。

革的全过程。“中国特色社会主义不是从天上掉下来的，而是在改革开放 40 年的伟大实践中得来的，是在中华人民共和国成立近 70 年的持续探索中得来的，是在我们党领导人民进行伟大社会革命 97 年的实践中得来的”。[①] 无论是毛泽东领导的新民主主义革命和社会主义改造，是邓小平领导的改革开放，还是习近平领导的全面深化改革，它们都是新的社会革命。

中国共产党是中国大地上土生土长的政党，其革命话语也深深地植根于中国悠久的文化传统之中。中国最古老的经典之一、被尊为六经之首的《周易》有一卦叫“革卦”，它是中国传统革命思想的源头，“革卦”的卦辞阐明了革命的条件——“顺乎天而应乎人”。

中国共产党的“天”就是时代的要求，所谓“顺乎天”就是要顺应时代的要求，回答时代的问题。在新民主主义革命时期，中国面临的问题是政治上积弱，受尽外国列强的凌辱，以蒋介石为首的大地主、大资本家骑在人民头上作威作福，中国共产党用政治革命来回应时代的问题；在社会主义建设时期，中国面临的问题是经济落后，中国共产党用经济革命来打破贫穷的诅咒；在新时代，中国面临的问题是经济发展了，但发展不平衡不充分，中国共产党用狭义的社会革命来破解这些难题。

中国共产党的“人”就是“人民”，所谓“应乎人”就是要回应人民的呼声，就是要让自己的政策合乎民心。用中共十九大

---

① 习近平：《以时不我待只争朝夕的精神投入工作　开创新时代中国特色社会主义事业新局面》，《人民日报》2018 年 1 月 6 日，第 1 版。

的术语来表述就是，要满足人民日益增长的美好生活需要。

《周易》中“汤武革命，顺乎天而应乎人”，翻译成今天中国共产党人的话来说就是，要用新的社会革命来解决人民日益增长的美好生活需要和不平衡不充分的发展之间的矛盾。

习近平重提社会革命，一方面用广义社会革命概念重建了革命的连续性，回应了“告别革命”思潮及其所隐含的历史虚无主义；另一方面用狭义的社会革命概念凸显了社会革命的阶段性，明确了新时代中国共产党人的历史使命。

狭义的社会革命概念是建立在对于社会主要矛盾的新判断基础之上的。

对社会主要矛盾的判断是中国共产党制定路线方针政策的基础。在1956年的中共八大上，中共对当时社会主要矛盾的判断是：“人民对于建立先进的工业国的要求同落后的农业国的现实之间的矛盾，已经是人民对于经济文化迅速发展的需要同当前经济文化不能满足人民需要的状况之间的矛盾”。基于这一判断，中共制定了优先发展工业、尤其是重工业的发展战略，为后来的改革开放奠定了工业基础。今天，中国是世界上唯一拥有完整产业链的国家，联合国产业分类目录中所有工业门类，包括39个工业大类、191个中类和525个小类，在中国都能够找到，这在很大程度上得益于这一战略部署。

从1979年11月到1981年6月，中共对新中国成立以来的历史经验和教训进行总结，并于十一届六中全会通过了《关于建国以来党的若干历史问题的决议》，指出在社会主义改造基本完成以后，社会的主要矛盾是人民日益增长的物质文化需要同落后的社会生产之间的矛盾。因此，党的政策重心转向解放和发展生产力。中国持续40多年的高速经济增长就是这一政策转向的结果。

2017年，中共十九大报告对社会主义矛盾进行了重新界定："中国特色社会主义进入新时代，我国社会主要矛盾已经转化为人民日益增长的美好生活需要和不平衡不充分的发展之间的矛盾。"[①] 别小看这一个小小的改动，它折射出的是中国多年来社会发生的深刻变化。

70多年前，中国人无论是物质生活还是精神生活都非常匮乏。在20世纪90年代之前，由于物资紧缺，城市居民买什么东西都需要凭票。买米需要粮票，买肉需要肉票，甚至就连一分钱买一盒火柴，也得用火柴票，更别说自行车票、缝纫机票、手表票了。关键是，所有的物资都是定量供应的。以粮食为例，城镇居民每月人均定量25市斤，小孩按年龄段定量不等，最低为不满周岁的婴儿，每月每人6市斤。在这种情况下，追求生活质量几乎是一种奢望。

今天，中国的GDP已经跃居世界第二，而且仍保持着较高的增长速度。当年老百姓可能一年才能吃上一回的食品，今天随时都可以吃到，而且不限量。过去老百姓只有趁着单位出差才有

① 习近平：《决胜全面建成小康社会　夺取新时代中国特色社会主义伟大胜利——在中国共产党第十九次全国代表大会上的讲话》，人民出版社2017年版，第11页。

机会顺便欣赏一下祖国的大好河山，现在可以常常来一场说走就走的旅行。2019 年，中国公民国内旅游人数 60.06 亿人次，出境旅游人数 1.55 亿人次。

可以说，今天中国的社会生产力水平已经得到了极大的提升，中国的经济实力、科技实力、国防实力、综合国力都进入了世界前列，“落后的社会生产”这一表述显然已经不符合中国发展的实际情况。

与此同时，中国的发展又是不平衡不充分的。经济发展的数量上去了，质量还需要进一步提高；老百姓的日子好过了，民生领域的短板也还不少，群众在就业、教育、医疗、居住、养老等方面还面临不少难题；而且，经济的快速发展是以牺牲环境为代价的，不同区域的发展水平差别很大，城乡之间、不同社会群体之间的收入差距依然较大。

今天，老百姓日益增长的需要已经不是吃得饱穿得暖了，而是更高层次的美好生活。中共十九大报告明确指出：“人民美好生活需要日益广泛，不仅对物质文化生活提出了更高要求，而且在民主、法治、公平、正义、安全、环境等方面的要求日益增长。”① 发展不平衡不充分的问题已经成为满足人民日益增长的美好生活需要的主要制约因素。

面对新的情况，新的社会革命也表现出和前一阶段的社会革

① 习近平：《决胜全面建成小康社会　夺取新时代中国特色社会主义伟大胜利——在中国共产党第十九次全国代表大会上的讲话》，人民出版社 2017 年版，第 11 页。

命不同的特征：从“摸着石头过河”到注重顶层设计，从注重数量到更加注重质量，从强调效率到更加强调公平。新的历史时期，中共不仅要破解当下难题，更要着眼长远，不断促进社会公平正义、增进人民福祉，不断推动中国特色社会主义制度的完善和发展，努力实现国家治理体系和治理能力现代化，实现国家长治久安。

## 三、路漫漫其修远兮，吾将上下而求索

悠悠一甲子，按照中国传统的说法，60 年一个轮回。

50 多年前，中国正经历一场史无前例的浩劫，美国在经历一场社会革命。中国的这场以“革命”为名的浩劫将中国带到了崩溃的边缘，美国的那场社会革命以执政党的易手而告终结，人亡政息。

60 年后，中国开启了一场新的改革征程——新的社会革命，美国也提出了“让美国再次伟大”的口号。

50 年前，中国与美国基本上是隔绝的，中国的浩劫和美国的“伟大社会”计划没有什么关系；50 年后的今天，经过 40 多年的改革开放，中国和美国已经深度融合，你中有我、我中有你，当今世界上最重要的两个国家不能再做零和博弈。

2018 年以来的贸易战表明，这一风险正在积聚。2019 年香港的暴力事件表明，这一风险迫在眉睫。“颜色革命”是美国打

击对手的重要手段，几十年来屡试不爽。从乌克兰到北非、从中东到西亚，所过之处，哀鸿遍野。香港的暴力事件是美国对中国进行"颜色革命"所进行的压力测试。

如何为新的社会革命创造一个有利的国际环境，这考验着中国共产党人的政治智慧。

50多年前，林登·约翰逊受制于美国的政党制度，无法为其"伟大社会"计划尽其全功。当尼克松赢得大选，共和党取代民主党成为白宫的主人之后，"伟大社会"作为一场改革运动就走到了尽头。50年后的今天，中国表现出越来越明显的制度优势，在长达40多年的时间内，中国共产党不断调整其制度和策略，带领中国从崩溃的边缘走向了世界舞台的中心；今天，中国共产党正有条不紊地推进其改革措施，其领导地位可以有效保证政策的连续性，一届接着一届干。

在中国共产党的带领下，中国人一定能通过新的社会革命建设一个美好社会，让占全世界1/5的人口过上美好的生活。

中国共产党人非常清醒，"历史和现实都告诉我们，一场社会革命要取得最终胜利，往往需要一个漫长的历史过程。"[①]

"路漫漫其修远兮，吾将上下而求索。"

这是一场历史巨变，让我们拭目以待！

---

① 习近平：《以时不我待只争朝夕的精神投入工作　开创新时代中国特色社会主义事业新局面》，《人民日报》2018年1月6日，第1版。

# 第一章

# 『人民对美好生活的向往，就是我们的奋斗目标』

时代之问

“最后，我有一个很好奇的问题，不知能不能问一下？”

2019 年 3 月 22 日下午，意大利众议院，习近平主席同众议长菲科举行会见。临近结束时，“70 后”的菲科突然抛出了一个问题：“您当选中国国家主席的时候，是一种什么样的心情？”听到众人的笑声，菲科补充道：“因为我本人当选众议长已经很激动了，而中国这么大，您作为世界上如此重要国家的一位领袖，您是怎么想的？”

习近平主席的目光沉静而充满力量，他说：“这么大一个国家，责任非常重、工作非常艰巨。我将无我，不负人民。我愿意做到一个‘无我’的状态，为中国的发展奉献自己。”[①]

2012 年 11 月 15 日，习近平首次以中共中央总书记的身份在新任政治局常委与中外记者见面会上，就代表党中央向全国人民郑重宣誓：“人民对美好生活的向往，就是我们的奋斗目标。”在短短 1175 字的讲话中，“人民”（“群众”）一词被提及 22 次，单是集中谈论“人民”的部分就占了将近 50% 的篇幅。在中共十九大报告中，“人民”这个字眼出现了 203 次。2018 年，

① 杜尚泽：《“欢迎你到中国去”》，《人民日报》2019 年 3 月 24 日，第 1 版。

习近平在庆祝改革开放 40 周年大会上再次强调：“必须坚持以人民为中心，不断实现人民对美好生活的向往。”① “我们的人民热爱生活，期盼有更好的教育、更稳定的工作、更满意的收入、更可靠的社会保障、更高水平的医疗卫生服务、更舒适的居住条件、更优美的环境，期盼孩子们能成长得更好、工作得更好、生活得更好。”②

“以人民为中心，不断实现人民对美好生活的向往”，这句朴素的话语表达了中国共产党人的初心和使命。中国共产党从诞生之日起，就把为人民服务牢牢镌刻在自己的旗帜上，始终坚持来自人民、扎根人民、依靠人民、造福人民。这与美国的林肯总统的名言“民有、民治、民享”（of the people, by the people, for the people）有异曲同工之妙。以人民为中心、坚持人民至高无上的主体地位就是民有；依靠人民、带领人民创造历史伟业就是民治；造福人民、不断实现人民对美好生活的向往就是民享。所不同的是，中国共产党特别强调政党在实现这一民主和民生理想中的领导作用，以及政党和人民之间的血肉联系。巴西学者罗尼·林斯在谈到中国共产党成功的“秘诀”时，认为最关键的因素是中国共产党与人民之间的关系，时刻将人民利益放在首位，明白人民真正的需求是什么，这样才能制定正确的、有利于人民的政策，

① 习近平：《在庆祝改革开放 40 周年大会上的讲话》，《人民日报》2018 年 12 月 19 日，第 2 版。

② 《习近平谈治国理政》第一卷，外文出版社 2018 年版，第 4 页。

也才能够取得真正的成果。[①]

2013年，在纪念毛泽东同志诞辰120周年的座谈会上，习近平强调，“全心全意为人民服务，是我们党一切行动的根本出发点和落脚点，是我们党区别于其他一切政党的根本标志。党的一切工作，必须以最广大人民根本利益为最高标准。检验我们一切工作的成效，最终都要看人民是否真正得到了实惠，人民生活是否真正得到了改善，人民权益是否真正得到了保障。”[②]

## 一、来自人民：“始终把人民放在心中最高的位置”

站在长安街上，可以望见中南海新华门内影壁上的五个大字：“为人民服务”。

这五个字是毛泽东题写的。1944年9月5日，中央警卫团的战士张思德在炭窑内工作时，炭窑突然崩塌，他为救战友，不幸牺牲。3天后，毛泽东在张思德的追悼会上发表《为人民服务》的演讲。在这篇演讲中，毛泽东引用了著名历史学家司马迁的名言“人固有一死，或重于泰山，或轻于鸿毛”，指出“为人民利益而死，就比泰山还重”！并亲笔为张思德题写挽词：“向为人民利益而牺牲的张思德同志致敬！”

---

① 赵焱、陈威华：《巴西学者谈中国共产党成功的“秘诀”》，参考消息网，2017年10月12日。

② 中共中央文献研究室编：《十八大以来重要文献选编》（上），中央文献出版社2014年版，第697—698页。

从此，“为人民服务”成为中国共产党的立党之本。

今天，新华门内“为人民服务”的题字不仅是中国共产党人向全国人民的庄严承诺，它也时时刻刻提醒着每天进出的中共高级干部，中国共产党来自人民、服务人民，必须“始终把人民放在心中最高的位置”[①]，必须把人民的利益作为党的一切工作的出发点和落脚点。

回顾过去40多年，中国的改革能够成功，一个很重要的原因就在于，它坚持以人民为中心，始终以人民的利益作为改革的出发点。邓小平形象地用“黑猫白猫”来比喻中共的改革哲学，不管黑猫白猫，只要能抓住老鼠就是好猫，判断“好猫”的标准就是他在深圳视察时提出的“三个有利于”——有利于发展社会主义社会的生产力、有利于增强社会主义国家的综合国力和有利于提高人民的生活水平。作为改革的基本指导思想，其落脚点还是人民，邓小平将“人民拥护不拥护”“人民赞成不赞成”“人民高兴不高兴”“人民答应不答应”作为各项方针政策的出发点和归宿。在此原则的指导下，中国的改革没有陷入任何先验的教条，也不照搬任何既有的模式，而是“摸着石头过河”，以渐进的方式，在实践中探索，凡是有利于实现最广大人民的根本利益的做法，就坚持并推广之。

习近平对此有深刻的体会。他说，“下访接待群众是考验领导干部能力和水平的大考场，来访群众是考官，信访案件是考题，

① 《习近平谈治国理政》第一卷，外文出版社2018年版，第43页。

群众满意是答案”。[①] 在他的心目中，人民利益高于一切，要把让人民满意作为共产党人最高的价值追求，要“把人民拥护不拥护、赞成不赞成、高兴不高兴、答应不答应作为衡量一切工作得失的根本标准”[②]，“人民是我们党的工作的最高裁决者和最终评判者”。[③]

坚持以人民为中心，意味着时时刻刻要把人民放在心上。在浙江工作期间，习近平曾写过一篇短文《心无百姓莫为“官”》。古往今来凡有作为的官都以关心百姓疾苦为己任，他认为中国共产党的干部一定要把群众的安危冷暖挂在心上，以“天下大事，必作于细”的态度，真心诚意地为人民群众办实事、做好事、解难事。在其著作《之江新语》中，232 篇短论，“心无百姓莫为‘官’”的思想观点占了超过 1/4 的篇幅。在习近平看来，党员干部不仅要始终把人民放在心上，而且要“放在心中最高的位置”。在纪念红军长征胜利 80 周年大会上，习近平讲了一个故事：在湖南汝城县沙洲村，3 名女红军借宿徐解秀老人家中，临走时，把自己仅有的一床被子剪下一半给老人留下了。老人说，什么是共产党？共产党就是自己有一条被子，也要剪下半条给老百姓的人。[④] 同人民风雨同舟、血脉相通、生死与共，这才是共

① 《习近平谈治国理政》第一卷，外文出版社 2018 年版，第 431 页。

② 习近平：《在庆祝中国共产党成立 95 周年大会上的讲话》，《人民日报》2016 年 7 月 2 日，第 2 版。

③ 中共中央文献研究室编：《十八大以来重要文献选编》（上），中央文献出版社 2014 年版，第 698 页。

④ 习近平：《在纪念红军长征胜利 80 周年大会上的讲话》，《人民日报》2016 年 10 月 22 日，第 2 版。

产党人的本色。

把人民放在心上，尤其是要将那些困难群众放在心上。1992年，习近平出版了他人生中的第一本书《摆脱贫困》，这本书聚焦的就是扶贫工作，是他 1988 年 9 月至 1990 年 5 月在福建宁德工作期间的感悟。2015 年，中共十八届五中全会确定了一个宏伟的目标，要在 2020 年实现农村贫困人口全部脱贫，贫困县全部摘帽，解决区域性整体贫困。这在人类历史上都是罕见的！要知道，即便是在当今最富裕的美国，也没有彻底解决贫困的问题。在世界各国的扶贫实践中，往往会出现一个边际效益递减的现象，即随着扶贫工作的推进，贫困人数减少，最后的较小规模贫困人口脱贫的难度就越大。用中共自己的话来讲就是，最后剩下来的都是“难啃的硬骨头”。也正是因为这个原因，很多国家都在扶贫的“最后一公里”铩羽而归。正是基于以人民为中心的理念，中共才做出了攻坚克难、彻底脱贫的庄严承诺。

坚持以人民为中心，意味着要“以百姓之心为心”，倾听人民的心声，要了解人民在想什么、想要什么。在《之江新语》中，习近平引用《老子》的“圣人无常心，以百姓之心为心”来批评某些官员的“官本位”思想。[①]“以百姓之心为心”首先要摆正关系、端正态度，将人民的利益放在第一位，而不能为了一己私利，乱上政绩工程。许多引发政府与民众矛盾的举措，诸如上马环境污染项目、违规征地与拆迁等，其背后，要么是官员“拍脑

① 习近平：《之江新语》，浙江人民出版社 2007 年版，第 257 页。

袋”决策，要么是从一己私利、政绩出发，这就是以“己心”代替“民心”。其次，“以百姓之心为心”必须知道百姓之心是什么。老百姓有什么困难、什么需求，这是要深入基层调研、走访才能知道的，而不是坐在办公室里拍脑袋想出来的。在 2017 年 12 月 25 日至 26 日召开的中共中央政治局民主生活会上，习近平强调，要在全党大兴调查研究之风。重视调查研究是中共的优良传统，想当年，毛泽东花了 32 天，通过深入调研，写出了《湖南农民运动考察报告》，澄清了关于农民运动的不实之词，提出了解决中国民主革命的中心问题——农民问题的理论和政策，为中共农村包围城市的道路选择奠定了基础。后来，毛泽东在《反对本本主义》中提出“没有调查，就没有发言权”，成为中共制定各项决策时的指导思想。中共的群众路线更是通过丰富多彩的形式将调查研究落到实处。

坚持以人民为中心，意味着要将改善民生作为工作的重心，让改革成果全民共享。“全面建成小康社会，一个不能少；共同富裕路上，一个不能掉队。”[①] 十八大以来，中共加大民生投入，以保障和改善民生为重点，发展各项社会事业，逐步妥善解决历史遗留的突出问题；加大收入分配调节力度，通过体制机制和政策体系的安排，努力打破做大蛋糕和分好蛋糕的两难，保证人民平等发展权利，使改革发展成果更多更公平地惠及全体人民。

---

① 《新时代要有新气象更要有新作为　中国人民生活一定会一年更比一年好》，《人民日报》2017 年 10 月 26 日，第 2 版。

习近平在十八届三中全会上总结中共改革开放的经验：“改革开放之所以得到广大人民群众衷心拥护和积极参与，最根本的原因在于我们一开始就使改革开放事业深深扎根于人民群众之中。”①

## 二、造福人民：“让改革发展成果更多更公平惠及全体人民”

中共十九大提出，社会主要矛盾已经转化为人民日益增长的美好生活需要和不平衡不充分的发展之间的矛盾。在十九大报告中，“美好生活”一词出现了14次。

对美好生活的追求，是人类共同的目标；何谓美好生活，则是政治哲人思考的永恒主题。早在两千多年前，亚里士多德就将“美好生活”（good life）作为政治的主题。他说：“城邦不仅为生活而存在，实在应该为美好生活而存在。”②在亚里士多德看来，如果仅仅为了生活，有家庭和村庄即可，无须建立城邦，人作为一种政治动物，只有在城邦中才能实现美好生活。城邦既是人实现美好生活的保障，也是人实现美好生活的舞台。优良的政体可以为人们实现美好生活提供各种外在的善，如国家的独立、

① 中共中央文献研究室编：《十八大以来重要文献选编》（上），中央文献出版社2014年版，第554页。

② ［古希腊］亚里士多德：《政治学》，吴寿彭译，商务印书馆1997年版，第179—180页。

社会的稳定、经济的发展、司法的公正、环境的优美；人积极参与城邦的公共生活则可以发展自身内在的善，使自己成为一个大写的人。

差不多同时，中国的儒家也提出了自己对美好生活的构想——大同社会。成书于汉代的《礼记·礼运》篇借孔子之口描述了小康社会和大同社会。小康社会是一个可以通过努力相对比较容易实现的社会状况；“天下为公”的大同社会则是一种比较理想的政治社会图景，是儒家追求的最高境界。大同社会有几个基本特征：其一，领导者为贤能之人，他们大公无私，充满奉献精神和仁爱之心；其二，整个社会“讲信修睦”，是一个和谐美满、互敬互爱的大家庭，“人不独亲其亲，不独子其子”；其三，人人各得其位、各安其位，“男有分，女有归”，“老有所终，壮有所用，幼有所长”；其四，社会的弱势群体得到很好的照顾，“鳏寡孤独废疾者，皆有所养”；其五，人们没有私心，积极为社会贡献力量，以至于夜不闭户、路不拾遗。[①] 近代以来，康有为著《大同书》，把中国大同理想与西方文明相结合，提出要建立一个“人人相亲，人人平等，天下为公”的理想社会。[②] 孙中山将“大同之治”视为中国“四万万人的大责任”，他将“天下为公”作为自己的座右铭，以推翻帝制、建立共和为己任，为实现“大同”创造政治前提。[③]

---

① 陈戌国：《礼记校注》，岳麓书社 2004 年版，第 154 页。
② 康有为：《大同书》，华夏出版社 2002 年版。
③ 孙中山：《三民主义》，载《孙中山全集》第九卷，中华书局 2006 年版。

毛泽东将《礼运》中的“大同”理想与共产主义的远大理想关联起来，并以革命家的豪情，提出“15年内赶上英国，50年内超过美国”的口号，要在有生之年实现共产主义。但事与愿违，超越历史发展阶段的雄心壮志结出的却是一枚难以下咽的苦果。

改革开放以后，中共对美好社会的愿景和阶段性目标适时进行调整。邓小平提出“小康社会”。“小康”一词在汉语中起源很早，它表达的是人民对于社会和谐稳定、生活富裕安康的美好期盼。1979年12月6日，邓小平在会见日本首相大平正芳时第一次提出了“小康”概念以及在20世纪末中国达到“小康社会”的构想：“我们的四个现代化的概念，不是像你们那样的现代化的概念，而是‘小康之家’。”[①] 5年后，邓小平在会见日本首相中曾根康弘时进一步用量化的经济指标对小康社会进行了说明：“翻两番，国民生产总值人均达到八百美元，就是到本世纪末在中国建立一个小康社会。”[②] 1987年4月30日，邓小平在会见西班牙客人时明确提出了“三步走”的战略构思：“第一步在八十年代翻一番。以1980年为基数，当时国民生产总值人均只有250美元，翻一番，达到500美元。第二步是到本世纪末，再翻一番，人均达到1000美元。实现这个目标意味着我们进入小康社会，把贫困的中国变成小康的中国。”“第三步，在下世纪用30到50年的时间再翻两番，大体上达到人均4000

① 《邓小平文选》第二卷，人民出版社1994年版，第237页。
② 《邓小平文选》第三卷，人民出版社1993年版，第54页。

美元。做到这一步，中国就达到中等发达国家的水平。这是我们的雄心壮志。”[①]

应该说，历史没有辜负邓小平，没有辜负中国共产党。中共的雄心壮志真的让中国从改革开放初期的百废待兴起步，蒸蒸日上、蓬勃发展，家庭联产承包责任制释放了农村巨大的生产力，农民的生活水平逐步提高；城市经济体制改革使城市的生产力也得到释放；开办经济特区，外资不断引入，经济活力不断增强。中国不仅按照原定计划在 20 世纪 80 年代末期实现了人均国民生产总值比 1980 年翻一番的目标，而且提前于 1995 年完成了翻两番的任务；到 2000 年，如期实现了既定的小康目标。只用了 20 年的时间，就实现了物质极度缺乏、生活相对贫困到物质极大丰富、生活相对富裕的飞跃，这是一个十分了不起的成就。

但是，小康社会不仅仅是一个单纯的经济指标所能反映的，中共的目标不仅要让经济指标数字好看，更要让经济指标符合社会主义的性质。邓小平有一个重要的思想，就是“不坚持社会主义，中国的小康社会形成不了”。原因何在？他说：“我们社会主义制度是以公有制为基础的，是共同富裕，那时候我们叫小康社会，是人民生活普遍提高的小康社会。”[②] 按照他的构想，小康社会是人人皆小康的社会，而不是一个贫富分化的社会，在这样的社会中，没有太富的人，也没有太穷的人，人人都能过上富裕安定的生活。他还提出了“先富带后富，实现共同富裕”的

---

① 《邓小平文选》第三卷，人民出版社 1993 年版，第 226 页。
② 《邓小平文选》第三卷，人民出版社 1993 年版，第 216 页。

战略部署。习近平也多次表明：要加大收入分配调节力度，“使改革发展成果更多更公平惠及全体人民，朝着实现全体人民共同富裕的目标稳步迈进”。

随着“贫困的中国变成小康的中国”，中共又适时地丰富小康社会的内涵，从生存型小康社会概念转变为发展型小康社会概念。2002年，刚刚跨入新的世纪，中共就在十六大上提出全面建设小康社会的战略目标，小康社会的内涵也从单纯以经济指标为衡量标准的总体小康发展为经济、政治、文化全面发展的小康；十七大加入“社会”维度，从“三位一体”发展为“四位一体”；十八大又加入“生态文明”维度，进一步发展为经济、政治、文化、社会、生态文明“五位一体”的全面小康社会蓝图。正如中共十九大报告指出的：“人民美好生活需要日益广泛，不仅对物质文化生活提出了更高要求，而且在民主、法治、公平、正义、安全、环境等方面的要求日益增长。”过去40多年经济的快速发展让环境的承载能力不堪重负，经济发展方式与人民群众生活质量提高之间的矛盾变得越来越尖锐。在习近平看来，只有“着力解决好发展不平衡不充分问题，大力提升发展质量和效益”，才能“更好满足人民在经济、政治、文化、社会、生态等方面日益增长的需要，更好推动人的全面发展、社会全面进步”。[①]

中共对美好生活的构想不是一种乌托邦式的设计，而是基于

① 习近平：《决胜全面建成小康社会　夺取新时代中国特色社会主义伟大胜利——在中国共产党第十九次全国代表大会上的讲话》，人民出版社2017年版，第11—12页。

历史和现实提出的阶段性目标，在实践中不断加以完善的。

它有深厚的历史积淀。中共在提出其美好生活的阶段性目标时，从中国传统中找到了“小康”这样一个朴素的词。千百年来，“小康”早已成为中国人的潜意识，一个普通的农民、工人都知道“小康之家”是什么意思。从革命战争年代开始，中共就非常善于从传统中汲取营养，善于将从西方学来的马克思主义中国化，用老百姓一听就懂的语言来实现有效的政治和社会动员。毛泽东时代曾用“楼上楼下、电灯电话”来描绘美好生活的图景，习近平用“绿水青山就是金山银山”来充实小康社会的内涵。

它有现实的考量，有经有权。尽管中共的最终目标是实现共产主义，但在不同时期，中共会根据具体的情况提出现阶段的任务。中共对美好生活的构想是基于现实的情况，综合考量各种因素提出的现实可行的目标。改革开放初期，邓小平提出的小康社会只是一个小目标，首先解决温饱问题，所谓“仓廪实而知礼节，衣食足而知荣辱”，唯有实现了物质上的富足，美好生活才有可能；等温饱问题解决了，中共马上往小康社会概念中填入新的内容，逐步将其升级为小康社会 2.0 版、小康社会 3.0 版，使之超越单纯的经济指标，发展为“五位一体”的全面小康；当全面小康社会建设取得一定成绩之后，中共又在十八大提出全面建成小康社会，并提出了具体的步骤和安排。如此步步为营、稳扎稳打，中共带领中国人民创造了一个世界奇迹，一举成为世界第二大经济体，人民的生活水平快速提升。

它有民意的基础。它植根于人民，回应了人民的愿望和需求。1984 年 10 月 1 日，35 周年国庆首都群众游行时，北京大学的学生们在游行队伍行进中自发地打出了一条横幅——“小平您好”——此画面瞬间传遍世界，成为共和国历史上珍贵的记忆，也成为中共政策深得民心的象征。邓小平从革命的战火中走出来，他是深刻了解人民的疾苦的。同样，习近平的 7 年知青生涯也让他和人民心心相通：“我了解老百姓需要什么。我很期盼的一件事，就是让乡亲们饱餐一顿肉，并且经常吃上肉。但是，这个心愿在当时是很难实现的。”① 当选中共中央总书记之后，他去了中国很多贫困地区，看望了很多贫困家庭，他说：“他们渴望幸福生活的眼神深深印在我的脑海里。”② 在 2013 年的第十二届全国人民代表大会第一次会议上，习近平指出：“我们要随时随刻倾听人民呼声、回应人民期待，保证人民平等参与、平等发展权利，维护社会公平正义，在学有所教、劳有所得、病有所医、老有所养、住有所居上持续取得新进展，不断实现好、维护好、发展好最广大人民根本利益，使发展成果更多更公平惠及全体人民，在经济社会不断发展的基础上，朝着共同富裕方向稳步前进。”③

在中共勾勒的美好社会蓝图中，它首先是一个丰裕繁荣的社会，经济高质量发展，人民有更稳定的工作、更满意的收入；它也是一个公平公正的社会，城乡区域发展更加平衡、收入分配更

---

① 《习近平谈治国理政》第二卷，外文出版社 2017 年版，第 29 页。
② 《习近平谈治国理政》第二卷，外文出版社 2017 年版，第 30 页。
③ 《习近平谈治国理政》第一卷，外文出版社 2018 年版，第 41 页。

加合理、司法更加公正、政治参与渠道更加畅通，人民享有公平的发展机会；它还是一个有尊严有温度的社会，人民能够得到更好的教育、更可靠的社会保障、更高水平的医疗卫生服务、更舒适的居住条件、更优美的环境；它更是一个安全舒适的社会，有更便捷的公共服务、更高质量的基础设施、更安全的社会治安环境，人民有更多闲暇和条件追求高品位的精神生活。

中共也清醒地意识到，中国人民对美好生活的追求离不开良好的国际环境，同时，中国人民对美好生活的追求也有助于推动建设一个更加美好的世界。近年来，中共提出“人类命运共同体”的理念，提出“一带一路”倡议，努力推动构建更加合理的国际秩序。在“中国共产党与世界政党高层对话会”上，习近平描绘了一幅美好世界的蓝图：一个远离恐惧、普遍安全的世界，一个远离贫困、共同繁荣的世界，一个远离封闭、开放包容的世界，一个山清水秀、清洁美丽的世界。①

## 三、依靠人民：“在人民面前，我们永远是小学生”

1948 年 11 月淮海战役中，华东、中原、冀鲁豫、华中四个解放区前后共出动民工 543 万人，支援前线。车轮滚滚，遮天蔽日。“最后一把米，用来做军粮；最后一尺布，用来做军装；最

① 《习近平出席中国共产党与世界政党高层对话会开幕式并发表主旨讲话》，新华网，2017 年 12 月 1 日。

后的老棉被，盖在担架上；最后的亲骨肉，含泪送战场。”老百姓们正是唱着这样的歌谣、推着小推车勇往直前冲向战场。时任华东野战军司令员的陈毅感慨万千：“淮海战役的胜利，是人民群众用小推车推出来的！”[①]

在追求美好生活的征程中，中共有一个很突出的特点，那就是依靠人民。“依靠人民，比山靠得住！”在战争年代，中共就是靠发动群众，硬是用小米加步枪打败了装备精良的蒋介石；改革开放以来，中共仍然是靠调动人民的积极性和创造性，在极其薄弱的基础上创造了世界发展史上的奇迹；未来，中共还会依靠人民，创造出一个更加美好的社会。就像习近平一再强调的，“人民群众有着无尽的智慧和力量，只有始终相信人民，紧紧依靠人民，充分调动广大人民的积极性、主动性、创造性，才能凝聚起众志成城的磅礴之力。”[②]

1922年，中共二大就提出了“党的一切运动都必须深入到广大的群众里面去”。这是中共群众路线的萌芽。在抗日战争期间，中共对群众路线的内容不断进行完善，并将其作为中共的三大优良作风之一，作为中国共产党区别于其他任何政党的显著标志之一。中共真诚地相信，“人民，只有人民，才是创造世界历史的动力”。[③] 1945年，当毛泽东得出这一结论时，他是总结了中共

① 蒋越锋:《人民群众用小推车推出来的胜利》,《学习时报》2019年7月5日，第5版。

② 习近平：《在纪念红军长征胜利80周年大会上的讲话》，人民出版社2016年版，第14页。

③ 《毛泽东选集》第三卷，人民出版社1991年版，第1031页。

14年抗战的历史经验和抗日根据地的建设经验，毛泽东相信，“六亿神州尽舜尧”，只有他们才有能力创造历史，“中国的命运一经操在人民自己的手里，中国就将如太阳升起在东方那样，以自己的辉煌的光焰普照大地”。[①] 1981年，中共十一届六中全会将群众路线概括为“一切为了群众，一切依靠群众，从群众中来，到群众中去”。其中，“从群众中来，到群众中去”讲的就是如何依靠人民，构建美好社会，创造美好生活。

2013年12月26日，在纪念毛泽东同志诞辰120周年座谈会上，习近平说：“在人民面前，我们永远是小学生，必须自觉拜人民为师，向能者求教，向智者问策；必须充分尊重人民所表达的意愿、所创造的经验、所拥有的权利、所发挥的作用。”[②] 战争年代，中共拜人民为师，赶跑了日本侵略者和国民党反动派；和平时期，中共拜人民为师，谱写了改革开放的雄伟篇章。

1937年底，刚刚就任晋察冀军区司令员的聂荣臻带领队伍进驻河北阜平时，战士们仍穿着从延安出发时的灰布单衣，有的还残留着平型关炮火烧穿的焦洞。为此，正在筹备成立的晋察冀边区政府发出号召：全民动员，赶在严冬到来之前，让战士们穿上棉衣。他们从各地采购土布、棉花和染料，在山沟里建起了军服厂。新成立的军服厂，刚开始在调配染布颜料时对土布着色问题久攻不下，不是着色不匀就是褪色。聂荣臻得知情况后指示说：“要

① 《毛泽东选集》第四卷，人民出版社1991年版，第1467页。

② 中共中央文献研究室编：《十八大以来重要文献选编》（上），中央文献出版社2014年版，第697页。

迈开双脚，到群众中去，从土生土长的山区人民那里，寻找克服困难的办法。”果然，在阜平南街的大槐树底下，几位正在染布的妇女向前来询问的八路军献出了祖传的染布“土方”——将春夏两季收获的槐花碾碎、调匀，和颜料拌在一起，染出的布不仅色调鲜艳，而且日晒雨淋不褪色。土布染色的难题就这样迎刃而解了。①

这只是中共在战争期间拜人民为师的众多故事中的一个。正是通过拜人民为师，中共找到了一条通往建设新中国的康庄大道。

在中国国家博物馆收藏着一件只有40多年历史的重要文物，一份由18位农民签署的“生死状”。这份“生死状”签署于1978年11月24日的晚上，安徽省凤阳县凤梨公社小岗村西头严立华家低矮残破的茅屋中。18位农民秘密开会，冒着坐牢的危险，签订了一份不到百字的包干保证书。其中最主要的内容有三条：一是分田到户；二是不再伸手向国家要钱要粮；三是如果干部坐牢，社员保证把他们的小孩养活到18岁。在1978年，这是一个勇敢的壮举。1979年是小岗村实行大包干的第一年，在遭遇罕见大旱的情况下，小岗村仍然取得大丰收，粮食总产量13.3万斤，相当于“文化大革命”期间年均产量的4倍；交售粮食6.5万斤，自合作化以来第一次向国家交售余粮；人均收入400元，是1978年的18倍。②

① 宗言：《聂荣臻：“依靠人民，比山靠得住”》，《新长征》2015年第3期，第62—63页。

② 罗宝：《小岗村：农村改革发源地　乡村振兴勇争先》，《安徽日报》2019年8月11日，第1版。

重要的是，中共高层对农民此举的反应。1980 年 5 月 31 日，邓小平在一次重要谈话中公开肯定了小岗村“大包干”的做法。随后，中共在若干地方进行包产到户的试点，并于 1982 年 1 月 1 日出台了中共历史上第一个关于农村工作的一号文件，明确指出包产到户、包干到户都是社会主义集体经济的生产责任制。此后，中共不断稳固和完善家庭联产承包责任制，鼓励农民发展多种经营，使广大农村地区迅速摘掉贫困落后的帽子，逐步走上富裕的道路，中国因此创造了令世人瞩目的奇迹：用世界上 7% 的土地养活了世界上 22% 的人口。

在过去的 40 多年中，中共绝大多数改革举措最初的灵感都是来自普通民众。中共通过一套完整的政策试验机制，将普通民众在实践中行之有效的做法吸纳进来，进行完善，再将其转化为国家的政策进行推广。这就是习近平所说的“尊重人民主体地位，尊重人民首创精神，拜人民为师，把政治智慧的增长、治国理政本领的增强深深扎根于人民的创造性实践之中，使各方面提出的真知灼见都能运用于治国理政”。[①]

从群众中来，以人民为师，“善于从群众的实践中汲取营养，获得真知”，这只是中共群众路线工作方法的一个方面。事情的另一面则是“到群众中去”，也就是让这些从群众中集中起来的意见再回到群众中去，化作他们自觉的行动。在中共看来，党的各级领导干部不仅要当好群众的“学生”，也要当好群众的“先生”。

---

① 习近平：《在庆祝中国人民政治协商会议成立 65 周年大会上的讲话》，《人民日报》2014 年 9 月 22 日，第 2 版。

中共会对从群众中集中起来的意见进行分析、辨别、提炼和总结。群众的意见是零散的、未经反思的，往往建立在不充分信息的基础之上，有时甚至是“错误的”“非理性的”，党要对群众的意见正确与否进行判断，并据此形成公共政策。在这一点上，中共不同于其他政党，它既反对精英主义，又反对大众主义。一方面，中共不能同意熊彼特式的精英主义，将大众排斥在政治决策过程之外；另一方面，中共也不会走大众主义路线，简单地将公共政策建立在对群众意见进行加总的基础之上。在中共看来，将大众排斥在决策过程之外是“关门主义”，这会使中共脱离群众；完全跟着群众走则是“尾巴主义”，这会丧失中共作为先锋队伍的性质。董必武对此曾有非常精到的批评：“有些同志以为实行群众路线不需要党来领导，这也不对。没有党的领导，群众利益是不能实现的。”“像群众长远的利益或最高的利益，群众自身往往是看不见的，必须有党领导，群众才不致走错路。”①中共要在精英主义和大众主义之间寻找平衡，既不能脱离群众，又不能唯群众马首是瞻，而是要来自群众，又领导群众。因此，再回到群众中去的意见并不是群众的原始意见，而是经过中共提炼和综合后形成的、能代表最广大群众最根本利益的正确的意见和决策。

正确的决策形成之后，关键的问题就是如何让群众认识到这些政策是符合他们的根本利益的，并将其转化为他们自觉的行动。

① 《董必武选集》，人民出版社 1985 年版，第 174 页。

中共在这方面经验丰富，它有极强的社会动员能力，能有效地调动群众的积极性，依靠群众来实现其关于美好社会的宏伟构想。这在很大程度上要得益于其完备的组织构架。中共不仅有自上而下、组织良好的党组织体系，而且还有一套在西方社会没有的群团组织体系。前者保证了党的方针政策在党内能取得高度共识，后者保证了党的方针政策能有效地传递到整个社会的各个部分。“群团组织”是群众团体组织的简称，和西方社会广泛存在的一般意义上的社会组织不同，它并非由社会自发组建，而是由党组建的。它们针对不同的社会群体，其中，最重要的群团组织是工会、共青团和妇女联合会，俗称“工青妇”。中共对群团组织的功能定位是党联系特定社会群体的桥梁和纽带。为了有效发挥其“桥梁和纽带”的功能，这些群团组织建立了自上而下的完整的组织体系，就像一个功能良好的传输网络，能将中共在广泛听取群众意见基础上形成的各项政策通过不同的渠道抵达每一个神经末梢，从而形成广泛的社会共识和有效的社会动员。

在领导人民进行新的社会革命的历史征程中，从群众中来，是中共正确决策的源头活水；到群众中去，是中共强大执行力的力量源泉。

中共十八大以来，一个新词——“治理”（governance）流行开来，而此前普遍使用的词是“管理”（administration）。

从“管理”到“治理”，虽仅一字之差，反映的却是中国政治社会逻辑的根本性转换——从单纯追求经济增长转向以人民为中心，更加重视人民对美好生活的向往；从强调自上而下的单向管理，转向政府和民众的双向互动；从单纯强调政府主导转向社会多元主体的有序参与和协商共治；从强调政府对社会的“管控”转向强调服务型政府建设。它意味着社会治理方式的一场革命，共治共建共享成为国家治理和社会治理的基本逻辑，平等、参与是其前提，对话、协商是其手段。正如中共十九大所倡导的，要在日常政治生活中，保证人民“有广泛持续深入参与的权利”，依靠人民，进行新的社会革命。

时代之问

# 第二章

## 『最多跑一次』：建设让人民满意的服务型政府

2018 年 10 月 26 日，法国巴黎，中国浙江省人力资源和社会保障厅一名副厅长被团团围住。法国听众记不住他的中国名字，却记住了他演讲的主题“最多跑一次”。

众所周知，社保经办是一个世界性难题。政府公共服务效率的提升并非易事，不是说你有一颗金子般的心，就一定能办成好事。特别是社保经办领域涉及很多复杂的民生事项，又牵涉多部门合作，效率的提升尤其艰难。正因如此，世界各地都将政府办事效率列为营商环境的重要因子。

2018 年 8 月，法国社会保障筹资高级委员会主席、法国国家高等社会保障学院院长多米尼克·里博来到浙江，听说了浙江的“最多跑一次”改革，“感觉没听懂”。于是，他要求走到社区中间实地考察、走访，目睹了高效的社保经办流程。

亲身的经历让这位法国社会保障事务部原部长大为震撼，在他看来，“社保经办是一个世界性难题，没想到你们真正解决了”！浙江何以能够在社保经办等诸多政府服务领域做到“最多跑一次”？中国经验对法国有何启示？带着这个疑问，他决定邀请浙江省人力资源和社会保障厅有关人员去法国分享经验。

在 45 分钟的演讲中，浙江省人力资源和社会保障厅的这名副厅长用数据和事实说话，和法国同行们分享了近年来中国政府在公共服务改革方面的探索。听完之后，论坛主持人、法国养老保险总局国际交流部主任爱丽丝·德比感慨道："'最多跑一次'的浙江人民很幸福！"在问答环节，来自法国社保领域的观众们提了许多专业问题，最核心的是，为什么中国浙江可以做到？[①]

## 一、从"一站式"服务到"最多跑一次"

法国同行们深知政府公共服务改革的艰辛，自 20 世纪 80 年代中期以来，法国政府曾为此付出了巨大的努力。尽管历届政府在具体的改革措施方面有所不同，但改革的焦点都放在传统的政府各部及其分支机构上。其中，比较有代表性的改革主要有三次：第一次是 1989 年罗卡尔政府开始实施的"现代化改革纲要"。当时的改革有四项目标：第一项涉及行政机关自身的工作关系，包括人力资源管理、职员的培训与考核以及内部的信息沟通；第二项是"权力下放"，改革的目标是让各分支机构的主管拥有更大和更明确的责任，使官员的责任行使尽可能接近服务对象；第三项目标是引进绩效评估；第四项目标是提高服务质量，优先考虑公共服务的可及性。第二次是 1995 年 7 月朱佩政府提出的五个方面的政策目标：第一项目标是"重新界定政府的任务和一线

① 刘少华：《浙江"最多跑一次"法国人点赞》，《人民日报（海外版）》2018 年 11 月 21 日，第 5 版。

公共服务的范围”，尤其是政府与市场、中央政府与地方政府、法国与欧盟之间的职能边界；第二项目标是改善公共服务的途径和质量，增强服务的透明度，“更好地考虑公民的需要和期望”；第三项目标是“改革中央政府”，把它未来的作用限定为“规制”—— 包括预测、分析、政策制定、立法与评估，所有的事务性任务将由地方完成；第四项目标是下放中央各部承担的所有“非规制性”的事务工作，仿效“责任中心” 的做法重组各部的分支机构；第五项目标是“改革公共管理”，使公共服务现代化，把公务员的工资、晋升与绩效结果挂起钩来。[①] 第三次是 2007 年萨科齐上台执政以来，在经济危机和欧债危机的双重打击下，法国政府不得不对公共服务体系进行广泛、深入的改革，积极推进公共服务均等化，不断整合公共服务资源，提高公共服务质量和效率。欧盟统计局数据显示，法国公共服务开支占 GDP 比重由 1935 年的 25% 上升到 2008 年的 52.7%，仅次于瑞典，位列欧盟第二位。[②] 通过一系列改革措施，法国政府力图优化结构、完善服务、调动公务员的积极性，更好地为公民的普遍利益服务，使公民在利用公共服务方面享有更多的权利和更便利的途径。

但法国人不是很了解的是，中国人经历了和他们不一样的艰

① Alain Guyomarch, “ ‘Public service’, ‘public management’ and the ‘modernization’ of French Public Administration”, *Public Administration*, Vol. 77, Iss. 1, 1999, pp. 171–193.

② 杜伊沁：《法国推进公共服务体系建设的主要做法》，《当代世界》2012 年第 1 期，第 61—63 页。

难历程。由于国情的不同，包括“最多跑一次”在内的中国政府公共服务改革所面对的问题和改革的路径与法国存在巨大的差异。

中国市场经济的发展并不是一个自发演化的过程，它具有明显的“嫁接”特征，在相当长的一段时期里它都是镶嵌于计划经济体制之中，不可避免地形成了两种体制共存共生的转型形态，并受到其制约和影响。① 这种特殊的市场化进程决定了中国的行政审批制度改革的特殊内涵，那就是：一方面，行政审批制度改革首先必须面对“去计划经济”的问题，也就是去除过去那种浓厚泛行政化色彩，改变行政命令、个人意志随意介入微观经济活动的状况；另一方面，行政审批制度改革更需要面对“市场化发展”的问题，也就是建立、规范甚至强化政府的监管和宏观引导职能。② 对于法国这样一个成熟的市场经济国家来说，只要重新合理地厘定政府的职能可能就够了；但对于中国来说，这远远不够，它还要用政府这只有形的手来培育市场，它必须在“去行政化”和“强化政府监管职能”之间把握好平衡，“不该管的”要坚决去掉，“该管的”还要坚决管好。在两只鸡蛋上跳舞，其难度是可想而知的。

1992 年，随着中共十四大明确提出建立社会主义市场经济体制，行政审批制度改革被提上了议事日程。最早进行尝试的是作

---

① 谢岳：《市场转型、精英政治化与地方政治秩序》，《天津社会科学》2005 年第 1 期，第 55—60 页。

② 钟伟军：《从“一站式”服务到“最多跑一次”》，《电子科技大学学报（社科版）》2018 年第 5 期，第 69—74 页。

为经济特区的深圳，通过成立“一站式”行政审批中心，整合政府职能和简化审批程序，提升招商引资的效率。很快，各地都在进行类似的尝试，因为如何在激烈的经济竞争中获得更多的投资从而推动经济的快速发展，这直接关系到地方官员的升迁。在政绩刺激下的地方试验为中央层面的政策出台提供了经验。2001年，加入世界贸易组织（WTO）使得转变政府职能、依法推进行政审批制度的全面改革成为各界的共识。地方“一站式”行政审批制度改革的各种尝试逐渐得到中央的认可，2001年开始，行政审批制度改革上升到了中央战略的层面。2004年《中华人民共和国行政许可法》正式实施，为行政审批“一站式”服务中心提供了法律依据。此后，国务院多次有计划、系统地推动地方政府简政放权改革，使得“一站式”行政审批中心在各地迅速推广开来。据统计，截至2005年，全国市地级政府和县级政府设立的“一站式”行政审批服务中心分别达到342家和1686家，基本上是遍地开花。[①]

中共十八大以后，经济发展方式向内涵式发展转变，从片面追求增长的速度和数量，转变为追求增长的质量。高质量的发展意味着经济发展必须与环境、民生等协调起来，在经济增长的同时，不仅要让老百姓的腰包鼓起来，让更多的人共享经济发展的成果，而且要节能减排、保护环境，“绿水青山就是金山银山”。在“创新、协调、绿色、开放、共享”的新发展理念下，以效率

① 高小平：《服务型政府建设下一步怎么走》，《理论参考》2006年第6期，第34—35页。

为导向的"一站式"行政审批服务中深层次的问题也逐渐凸显出来。这一方面推动行政审批改革逐渐向深层次推进，另一方面也推动行政审批改革从经济领域扩散到社会领域。其中，肇始于2017年初浙江省的"最多跑一次"改革，可以说是到目前为止最为彻底也是最为引人注目的一个样本。所谓"最多跑一次"，也就是"群众或企业到政府办理一件事情，在申请材料齐全、符合法定受理条件时，从受理申请到形成办理结果全过程只需一次上门或零上门"。与很多地方政府行政审批改革模糊化的目标不同，浙江省的"最多跑一次"改革把目标确定为刚性的量化指标："最多一次"。实际上，国务院启动的历次改革并没有对企业或群众到政府办事跑多少次提出过明确的要求。浙江将"最多跑一次"作为衡量改革成效的"标尺"，这似乎是给自己立下了一个不可能完成的军令状。就像法国同行们所惊叹的：这怎么可能？这究竟是如何做到的？[①]

## 二、从试点到立法："一团火"散作"满天星"

的确，"最多跑一次"是一个极为苛刻的要求，它不仅将群众和企业与政府之间的制度性交易成本内化为了政府部门之间的

① 刘少华：《浙江"最多跑一次" 法国人点赞》，《人民日报（海外版）》2018年11月21日，第5版。

沟通成本[①]，而且转移得极为彻底，群众和企业只需跑一次，剩下的工作就是政府内部各部门之间的相互沟通。这需要从政府自身内部深层次的体系和结构入手，把改革的“刀刃”向内，理顺内部流程，重新塑造办事标准，颠覆乃至抛弃以往固化的办事流程和管理模式。这样的改革不仅面临固化行为模式的强大阻力，更重要的是涉及部门利益的调整。行政审批的事项属性及其数量，直接决定着部门权威的强弱。在缺乏有效的权力制约机制的情况下，行政审批制度极易异化为维护部门利益的工具和手段，并固化为政府系统内部一种复杂的利益格局。[②]

“最多跑一次”行政审批制度改革是2016年12月在浙江省经济工作会议上首次提出的。2017年2月21日，浙江省人民政府印发了《加快推进“最多跑一次”改革实施方案的通知》，“最多跑一次”改革全面启动。改革在原有权责清单的基础上，简政放权的力度和深度得到了进一步加强，继续削减行政许可事项，积极推进政府核准投资项目目录的“瘦身”，对关系国家安全、涉及全国重大生产力布局、战略性资源开发和重大公共利益以外的企业投资项目，一律不再核准审批，均实行备案管理。进一步精减行政事业收费，从而倒逼各级各部门减权、放权、治权。

在改革之初，浙江也遭遇过法国同行们曾经的困境：有些部

① 范柏乃、陈亦宝：《全面深化“放管服”改革：“最多跑一次”》，《社会治理》2017年第6期，第49—52页。

② 何显明、张鸣：《重塑政府改革的逻辑：以“最多跑一次”改革为中心的讨论》，《治理研究》2018年第1期，第92—99页。

门在部门利益的驱使下对改革消极抵制，选择性执行。为了达到考核要求，对某些事项进行了削减、流程优化、时间压缩、权限下放，但削减的很有可能是全年没有什么办件量的事项，或者下放的是无权且有责任的审批事项。浙江也遭遇过法国同行们曾经的尴尬：以前人工办理一些业务时，有办得不好之处，民众还能发发牢骚，现在面对机器，如果办得不好连牢骚都没地方发。[①]但是，浙江省政府从一开始就下定决心：“人民有诉求，难度再大也要向前推进，我们必须有这样的担当。”自从开始这项改革，很多干部的工作节奏就成了“5+2”“白加黑”，在办公室、会议室吃饭、休息甚至是过夜，都经常发生。一方面，组建强有力的工作班子，加强顶层设计；另一方面，周密部署、稳步推进。先试点、后推广，通过地方立法鼓励基层创新。

就像中国其他的改革一样，“最多跑一次”行政审批制度改革也是先试点、后推广的。浙江省“最多跑一次”改革最早的试点地区既不是作为省会的杭州，也不是经济较发达的温州，而是地处西部的衢州市。

由于地理环境及发展基础、空间区位等因素，衢州市的经济社会发展处于全省较落后的水平，如何通过增强体制机制优势，营造良好的政商关系，是有效激发衢州后发优势的关键。早在2009年，衢州市就推行了行政审批“两集中、两到位”改革，并于2014年全面实施“四张清单一张网”改革，为“最多跑一次”

① 刘少华：《浙江“最多跑一次”法国人点赞》，《人民日报（海外版）》2018年11月21日，第5版。

改革试点工作奠定了较好的基础。

2016年，为了进一步优化发展环境，以体制机制的优势弥补经济社会发展的短板，衢州市提出实施“行政服务中心整合提升”计划，在全省率先试点“一窗受理、集成服务”。以涉及多部门办理、以往最难办的企业投资项目审批为例，按照企业投资项目审批的传统流程，项目审批涉及发改、规划、国土、住建、水利、消防、人防、气象等多家政府部门，企业需要多次向不同部门递交材料。衢州市依托浙江政务服务网和投资项目在线审批监管平台，在“综合窗口”进行统一受理，受理后将项目统一登记赋码并推送至各部门政务服务网行政权力运行系统进行审批，各部门同步并联审批完成后，再将审批结果材料送到“综合窗口”统一出件。[①] 由于“综合窗口”按照群众和企业办事的需求导向进行设置，有效减少了办事过程中多头重复提交材料及开具各种前置证明，加快了部门简政放权的进程，群众和企业的获得感和对政府的信任度有效增强。2018年，在全国营商环境试评价中，衢州市名列第四。

相关统计数据显示，衢州市本级1368项政务服务事项，已全部实现“最多跑一次”；进驻中心事项1336项，占所有事项的97.7%。[②] 作为“最多跑一次”改革的试点地区，衢州市从

---

① 李小园：《以“最多跑一次”改革撬动政府体制改革的全面深化——以浙江衢州市的探索为例》，《湖南省社会主义学院学报》2018年第4期，第84—86页。

② 吉喆、王海蕴、律星光：《衢州以“最多跑一次”为牵引着力创改革新优势》，《财经界》2019年第3期，第36—37页。

2016年5月开始的改革取得了丰富的经验，已经开始向全省复制推行。

2017年2月，“最多跑一次”改革在浙江省全面启动。各地市迅速跟进、多点开花，每个城市都有自己的亮点。

在宁波市宁海县，针对部分行政审批事项前置条件“理而不清、法理不足”等现象，于2017年6月创设独立于相关部门的“审批法庭”，对行政部门审批事项的前置条件按法律法规进行审查“瘦身”：对法律、法规无规定的前置条件，一律予以取消；对虽有依据，但取消后不影响实际管理效果的前置条件，一律取消；对有依据且不宜取消，但实际运行中严重阻碍优化审批流程的前置条件，一律优化。2017年底，一封题为《少些折腾老人》的来信由宁海县人大转交给“审批法庭”。写信的是该县滨溪社区的一名八旬退休老人。老人在信中提到自己领取高龄津贴要跑多次的问题，希望政府能够改进服务。接到来信后，“审批法庭”很快进行审查，取消原有的高龄津贴申请、登记和审批的程序，改为政府主动发放，同时改多头发放为一家发放，实现老人足不出户领补贴。①

宁海的这一改革从源头着手，打通了部门利益妨碍“最多跑一次”改革的“中梗阻”。事实上，“审批法庭”并非司法法庭，它只是借鉴司法庭审“面对面”充分辩论的模式，创设了一种运用法治手段对审批权力进行监督和裁决的工作机制。“最多跑一

① 李鹏、陈云松、潘海英：《“审批法庭”给权力“瘦身”》，《浙江日报》2018年3月29日，第10版。

次”改革的要害在“减”，但改革前审批前置条件的“减法”主要由县里职能部门自己做，让各部门自己砍自己的利益和权力。“审批法庭”独立于各职能部门之外，组建半年就开庭 21 次，让 38 个部门先后坐上了“审批法庭”的“被告席”。对 38 个部门的 963 项行政权力和公共服务事项进行清理、“裁决”，清理取消了 287 项事项中的前置条件 376 条，清理 423 项事项的申请材料 1576 份，取消兼并审批事项 46 项。[①] 可贵的是，“审批法庭”不是简单粗暴的“一砍了之”，而是形成了有效的工作链条，先通过“庭审”对每一件行政权力和公共服务事项全面审查，该砍就砍；再按照法治化、标准化、信息化的要求，通过“标准化”流程再造和“信息化”集成办理；最后由下设的“监管执行部”负责事后监管执行。从而不仅保证“最多跑一次”改革件件能落地，而且撬动职能部门从理念、制度到作风的深层次变革，除了倒逼部门简政放权，更重要的是优化服务。[②]

在杭州，乘着打造“移动办事之城”的东风，越来越多的事项开始在移动端办理，只要一机在手，即可网上办事。2018 年 5 月 31 日，“杭州办事服务”App 投入试运行，已实现 153 项公民个人事项移动可办，范围涵盖公共缴费、社会保障、违章处理、文化教育、住房保障、户籍办理、出入境管理等，事项包括流动

① 杨勇：《宁海县：创新“审批法庭”机制　深化“最多跑一次”改革》，《政策瞭望》2018 年第 8 期，第 26—27 页。

② 李鹏、陈云松、潘海英：《“审批法庭”，给权力“瘦身”》，《浙江日报》2018 年 3 月 29 日，第 10 版。

人口居住登记（820万次/年）、住房公积金个人账户信息查询（484万次/年）等超高频率事项。[①] 杭州市通过“最多跑一次”改革将原来房屋交易40分钟、税收30分钟、不动产登记50分钟，同时满足受理条件总耗时120分钟的时长缩短为三部门联办全流程仅需60分钟，跑出了不动产登记全国最快的“杭州速度”。[②]

在温州，积极探索海外版“最多跑一次”改革。在公安系统，温州创新建立了线上“警侨在线”服务平台，线下建立国内市、县、乡三级警侨工作室与警侨之家海外联络点。包括出入境证件预受理、投靠类户口迁移等194个公安办事事项纳入线上全流程办理，必须经由线下办理的事项，通过警侨之家海外联络点在线视频确认侨胞身份和委托报告后由国内关系人代为办理，截至2018年6月，可委托代办事项已多达129项。

在司法系统，温州还创新了海外侨胞公证服务新模式。在意大利、法国、南非三个国家设立了四个海外公证联络点，运用远程视频系统对当事人进行身份核实、电子签名、录音录像、谈话问询等，完成一系列公证取证后即可办理相关公证事宜。

2018年6月14日，“最多跑一次”南非侨民服务中心正式开通，标志着温州海外版“最多跑一次”改革从最初个别部门的单兵推进正逐步拓展到涵盖政府各部门的整体性推进，服务内容也从法

① 《2018年“最多跑一次”改革重点领域阶段性成果一览》，《杭州（周刊）》2018年第35期，第20—21页。

② 邓崴、翁浩浩、金春华、刘乐平：《深化改革的“关键一跃”》，《浙江日报》2018年1月2日，第1版。

院审理、司法公证、警务工作逐渐扩展到政府服务的全覆盖，由此拉开了“最多跑一次”改革向纵深推进的温州序幕。[①]

面对浙江“最多跑一次”改革繁星漫天的瑰丽画面，法国的同行们非常好奇，如此巨大的改革热情是从哪里来的？

了解中国政治的人不难理解，基层官员的创新冲动首先来源于有效的激励机制。中国自毛泽东时代就形成了一种“政治锦标赛”的晋升激励机制，政府官员的晋升高度依赖于一些可测度的指标。[②] 改革开放以来，晋升锦标赛最实质性的变化是考核标准的变化。在中共十八大之前，经济改革和发展成为各级党委和政府的头等大事，经济绩效也就成了干部晋升的主要指标之一。十八大以后，GDP 不再成为唯一的指标，在浙江等发达地区，GDP 甚至不再成为最重要的指标，行政改革、社会治理、环境治理等在指标体系中占有越来越重要的地位。改革创新被纳入了政府绩效考核，成为衡量市直各部门和县（市、区）政府绩效的一项重要指标，改革是基层官员的重要政绩，也是官员升迁的重要政治资本。在晋升的激励之下，形成了地方政府间横向的改革竞争机制，不断创新成为基层官员的基本行为模式。在宁海，县里给各部门“最多跑一次”改革方面的考核分设定为 3 分，做得好可以加 3 分，执行不力倒扣 3 分。不要小看这 3 分，这相当于某

① 魏涛：《海外版“最多跑一次”改革的温州探索》，《浙江经济》2018 年第 22 期，第 62—63 页。

② 周黎安：《中国地方官员的晋升锦标赛模式研究》，《经济研究》2007 年第 7 期，第 36—50 页。

些工作考核分的近10倍。[①] 这极大地激发了基层官员的创新热情。其次，通过地方立法，为基层官员的改革提供了保障机制。浙江省通过地方立法、政府规章为“最多跑一次”改革提供法律支撑。2018年11月30日，浙江省十三届人大常委会第七次会议审议通过《浙江省保障“最多跑一次”改革规定》，并于2019年1月1日起正式施行。《规定》融入了浙江在“最多跑一次”改革上的探索和经验做法。这部法规也明确了尽职免责，给基层官员吃了一颗定心丸，为基层官员依法改革提供了制度保障和良好的政策环境。[②]

浙江的“最多跑一次”改革很快成了一个样板，2018年1月，“最多跑一次”改革受到中央的关注，中央全面深化改革领导小组审议了《浙江省“最多跑一次”改革调研报告》并予以肯定；2018年3月，“最多跑一次”被写入《政府工作报告》；2018年5月，中共中央办公厅和国务院办公厅联合颁发《关于深入推进审批服务便民化的指导意见》，浙江“最多跑一次”改革经验作为附件随文印发。浙江经验在全国进行推广，大量的地方政府到浙江考察学习并在各地开展实践。这极大地激发了浙江各级官员的自豪感、责任感和使命感，并成为基层官员改革创新的动力源泉。

① 李鹏、陈云松、潘海英：《“审批法庭”，给权力“瘦身”》，《浙江日报》2018年3月29日，第10版。

② 徐颖：《公共数据整合共享与“最多跑一次”改革》，《中国建设信息化》2018年第23期，第70—71页。

## 三、数据共享：用“数据多跑路”换来“百姓少跑腿”

“最多跑一次”改革的拦路虎不仅有人的因素，更有物的因素。用老百姓形象的语言来说就是，人“少跑路”意味着数据要“多跑路”。而数据多跑路的前提则是数据共享。因此，严格来讲，“最多跑一次”应该在前面加一个定语——“基于数据共享”。

迈克尔·曼（Michael Mann）将国家权力分为专断性权力（despotic power）和基础性权力（infrastructural power）。[①] 专断性权力是指国家通过强制力自上而下地把国家意志转变为现实政策，而基础性权力则是指通过各种基础设施和后勤技术的支持实现国家的目标。曼进一步指出，现代化的科层制国家需要增强其基础性权力。基础性权力的提升有赖于基础性权力“硬件”和“软件”的建设。所谓基础性权力“硬件”，即是曼所指的道路、统一货币、通信技术等；基础性权力“软件”则是指国家的合法性水平以及社会与国家合作的水平。[②]

在“最多跑一次”改革中，改革之所以能够取得成功，一方面固然得益于中国自改革开放以来形成的独特的政策试验模式，

① Michael Mann, States, War and Capitalism, Oxford: Blackwell, 1988.

② 赵鼎新：《国家、战争与历史发展：前现代中西模式的比较》，浙江大学出版社 2015 年版，第 65 页。

另一方面也得益于浙江省在基础性权力“硬件”方面的建设。浙江省依托互联网、大数据与云计算等现代信息技术，打破数据壁垒，为“最多跑一次”改革提供技术支撑。实现“最多跑一次”的目标必然要求各部门共同参与、协同治理，其中的关键则在于数据整合，“让数据跑路”。为此，“最多跑一次”改革在不改变现行组织体系的前提下构建起沟通协调机制将政府部门职能进行联结，联结起来的政府部门通过互联网平台将各自的数据在保障安全的前提下进行共享，以降低行政成本、提高行政效率。

所谓数据共享，是指在特定的条件下（如法律法规规定或授权）一个政府部门可以通过一个操作系统读取、运算、分析其他政府部门数据的运作方式。[①] 这就要求建立公共数据库，打破信息孤岛现象，实现公共基础数据在政府各部门之间的共享，由数据管理中心统一采集、归集数据，部门根据需要向数据管理中心提出数据需求，同时向数据管理中心提供其他部门所需的数据。

然而，在实践中要实现数据共享必须打破多重壁垒。

数据共享要打破的第一个壁垒是体制壁垒。要想真正“最多跑一次”，原本各自为政的数据信息必须打破壁垒，实现互联互通。原来的信息资源是各部门独立拥有的一个资源，现在要各部门把这个资源开放给其他部门，这毫无疑问是在动它们的“奶酪”。如果没有足够的压力或者动机，没有哪个部门会自愿放弃自己的利益。但不同于以往历次改革的是，“最多跑一次”改革

① 陈国权、皇甫鑫：《在线协作、数据共享与整体性政府：基于浙江省“最多跑一次改革”的分析》，《国家行政学院学报》2018 年第 3 期，第 62—67 页。

直接由地方党委主导，直接以政府服务对象即人民群众和企业的获得感为改革目标和评判依据。以“老百姓关心什么、期盼什么，改革就要抓住什么、推进什么”的改革理念，作为政府体制改革的根本导向，从而摆脱了以往由政府自身决定改什么、怎么改的局限，自上而下在政府外部形成了强大的改革压力，并将其转化为体制改革的内生动力。①

数据共享要打破的第二个壁垒是技术壁垒。数据共享所需要的不是数据的手动交换，而是数据录入、代码生成、数据使用以及数据更新与维护的一体化、智能化过程，从而形成可流动、可开发的“数据共享库”。幸运的是，浙江有很好的信息技术基础，在浙江嘉兴的乌镇，有大数据新技术产业园，世界互联网大会每年在这里召开；在杭州，有世界 500 强、中国著名的互联网企业阿里巴巴，其主导的《大数据安全与隐私过程》国际标准项目正式通过国际标准化组织安全技术委员会立项。可以说，迅猛发展的信息技术和良好的信息技术基础，使浙江政府各部门间的数据共享已几乎不存在技术难题。截至 2017 年 10 月 30 日，“最多跑一次”改革实施仅半年多，浙江省杭州市数据资源管理局总计归集 59 个部门的 218 亿条数据，实现了 36 个部门的 196 亿条数据共享。② 在试点城市衢州，依托浙江政务服务网建立全市统一的网上政务服务平台，充分利用浙江省政府数据管理中心数

---

① 何显明、张鸣：《重塑政府改革的逻辑：以“最多跑一次”改革为中心的讨论》，《治理研究》2018 年第 1 期，第 92—99 页。

② 吴娜、方敏：《群众办事“最多跑一次”》，《人民日报》2017 年 11 月 2 日，第 14 版。

据，通过与软件开发公司深度合作，打通各部门审批业务系统与政务网的通道，实现法人库、人口库、电子证照库等基础数据库与政务网实时交换、共享，审批部门可以直接调取数据中心的户籍、社保、婚姻登记、国地税、不动产登记以及金融系统的相关数据，将过去沉淀在各部门的行政审批数据全部激活，实现可认证、可使用、可流通，形成行政审批的数据共享大平台，促进了数据流与业务流的同步，从而同时为政府部门管理服务和群众办事提供了便利。例如，以往需要提交诸多证明材料、跑腿多次才能完成办理的住房公积金事项，目前通过调用办事主体的人口信息、婚姻登记信息、户籍信息、不动产信息、社保信息、地税信息、人才信息、银行征信等信息，实现凭身份证、购房合同就可办理公积金贷款，不再提交其他证明材料。其中人口信息、婚姻登记信息、个人未履行生效判决信息等通过省数据管理中心调用，其他数据从市级部门调用。[①] 从浙江省全省的情况来看，法人库、人口库、证照库、办事材料共享库、信用信息库等的数据归集已基本完成。浙江省政务服务网注册用户 2000 余万，其中个人用户 1810 万；“一站式”办件 1.6 亿笔，网上申报比例超过 40%；门户和应用系统覆盖省市县 3000 余个政府部门，并延伸至 1300 余个乡镇，2 万多个村（社区）。[②]

① 李小园：《以“最多跑一次”改革撬动政府体制改革的全面深化——以浙江衢州市的探索为例》，《湖南省社会主义学院学报》2018 年第 4 期，第 84—86 页。

② 徐颖：《公共数据整合共享与“最多跑一次”改革》，《中国建设信息化》2018 年第 23 期，第 70—71 页。

数据共享要打破的第三个壁垒是安全壁垒。数据共享必须有一定的限度，毫无限度的数据共享必然带来数据滥用，严重的甚至可能造成数据犯罪、数据灾难等。其一，数据共享要于法有据，不得僭越法律边界、超越法律规定，对于有争议的数据共享事项，须依法申请得到数据共享权限，进而实行数据共享。2017年5月1日，《浙江省公共数据和电子政务管理办法》正式施行。该办法明确规定各级政府部门打破数据壁垒、实行数据共享的责任和义务，并规定在政务服务过程中可以通过公共数据平台提取的证明材料。[①] 其二，数据共享要以数据信息安全为限。政府部门所掌握的是企业或群众去政府办事所留下的数据，这些通常是有关隐私的，若将这些数据泄露出去将会给当事人带来极大的个人权益的损失；如果被不法分子利用，还有可能导致当事人个人财产损失甚至发生生命危险。因此，政府部门间的数据共享要签订保密协议，并且利用信息技术对共享的数据进行加密处理，以确保数据信息的安全。其三，数据共享范围要以必要性为限。数据共享应该在保证数据安全的基础上，在有限的范围内共享有限的数据。不是所有的数据都要共享，也不是可共享数据在所有部门都要共享。[②]

浙江的实践表明，作为“最多跑一次”改革基础的数据共享

① 徐颖：《公共数据整合共享与“最多跑一次”改革》，《中国建设信息化》2018年第23期，第70—71页。

② 陈国权、皇甫鑫：《在线协作、数据共享与整体性政府：基于浙江省“最多跑一次改革”的分析》，《国家行政学院学报》2018年第3期，第62—67页。

必须建设好1个中心（大数据中心）、2个平台（交换平台与共享平台）、5个主题库（法人库、人口库、证照库、办事材料共享库、信用信息库）、3大体系（标准、安全、运维体系）。[①]这几件事都很重要，做数据工作一定要有大量的数据落地，所以要有一个大数据中心。这些数据从哪里来？通过交换平台取自各个部门。这些数据到哪里去？通过共享平台用之于各个部门。因为数据实在是很多，所以需要分门别类提高数据的使用效率，所以有法人库、人口库、证照库、办事材料共享库、信用信息库，同时标准、安全、运维体系是必不可少的。[②]

## 四、“人民满意不满意”是改革成功与否的评判标准

在“最多跑一次”改革如火如荼进行的同时，群众关心的另一个问题是：改革成效如何检验？谁来评判？

推行“最多跑一次”，说到底，就是要以政府权力的“减法”换取市场活力的“加法”。改革的指向，是人民群众的期待，是民众对政府部门一些领域办事效率低下、办事环节烦冗的诟病。因此，不管怎么设计、怎么推进，改革的效果归根到底要以百姓感受为依归，让百姓和企业评判：办事到底是不是方便了？浙江

① 浙江省人民政府办公厅：《打破信息孤岛实现数据共享推进“最多跑一次”改革2018年工作要点》，2018年4月9日。

② 徐颖：《公共数据整合共享与“最多跑一次”改革》，《中国建设信息化》2018年第23期，第70—71页。

多次强调："这项改革的评判权在群众手中，坚持'让实践来检验、让基层来评判、让群众来打分'，变自我评价为群众评价，变群众观望为群众参与，让群众成为改革的监督者、评判者、推动者。"[①]"最多跑一次"改革涉及的是办证、登记、挂号、过户、结算、报批项目、资质认定等具体事项，虽然改革的切口比较小，却都是百姓关注的焦点、基层治理的难点和公共服务的痛点，而改革的成效则惠及每一个人、每一户家庭、每一家企业。

"最多跑一次"改革着眼改善群众办事体验，提高群众的满意度和获得感。根据特定对象电话回访 2 万份问卷调查，群众对"最多跑一次"改革成效满意率达到 95.7%，"最多跑一次"实现率达到 82.6%；对 5691 名办事群众的面对面调查显示，群众对这项改革的满意率达到 96.2%；根据网民意见抽样调查，持正面态度的网民占 90.9%。[②]

改革的成效体现不仅要看群众的满意度和获得感，还要看群众感受的"小变化"所带来的政府运行的"大变革"。"最多跑一次"改革是一场人民满不满意倒逼政府重塑的改革，它超越了行政管理意义上的效率提升；通过"最多跑一次"的承诺，倒逼各部门权力"瘦身"、简化办事流程，撬动了跨部门的流程再造、实现了从各自为政到协同作战；在推动简政放权、规范行政权力

① 许乐：《读懂"最多跑一次"》，《党的生活（黑龙江）》2018 年第 7 期，第 16 页。

② 车俊：《坚持以人民为中心的发展思想将"最多跑一次"改革进行到底》，《求是》2017 年第 20 期，第 10—13 页。

行使等方面取得显著成效，从而推进了政府治理体系和治理能力现代化。

“最多跑一次”改革还具有很强的溢出效应：降低监督成本，防止腐败发生。借助互联网，不仅可以有效减少工作人员的线下直接参与，而且对线上办公的电子监察也更为便利、高效，政务服务网的核心功能是记录权力运行轨迹、公开权力运行流程、确保权力正确行使，实现了工作责任可跟踪、可追溯，从而可以极大地压缩权力寻租的空间，建设廉洁政府。

“最多跑一次”改革只是十八大以来中国政府改革中的一朵浪花。事实上，十八大以来的政府改革，一方面做“减法”，从全能型政府向有限政府转变，将“伸得特别长”的那只手缩回来；另一方面做“加法”，从发展型政府向服务型政府转变，将“该管的事”管到位。同样是简化审批手续，在浙江是“最多跑一次”，在江苏是“不见面审批”，在武汉则是“马上办、网上办、一次办”，各地都结合本地实际情况，大胆进行探索。

这一朵朵浪花所激起的涟漪已经让人民感受到了扑面而来的清新气息，让世界感受到了中国共产党领导中国人民继续前进的坚定信心。

# 第三章

# 从『中国制造』迈向『中国智造』

2008年12月通用汽车在美国代顿的工厂关闭了，最后一辆组装车离开了生产线，工厂的大门就关闭了。数千失业的工人站在寒冷的户外，茫然不知所措。

这是美国纪录片《最后一辆卡车：通用工厂的倒闭》（*The Last Truck: Closing of a GM Plant*）中的最后一个镜头。该片由茱莉亚·赖克特（Julia Reichert）和丈夫史蒂文·博格纳尔（Steven Bognar）于2009年拍摄，并于当年获得奥斯卡最佳纪录片提名。

10年后，赖克特与博格纳尔历时3年又拍摄了一部纪录片《美国工厂》（*American Factory*），讲述的是中国企业家在美国办厂的故事。2014年，福耀玻璃的美国分厂设在了代顿的通用旧工厂里，影片真实地记录了福耀美国工厂中的3年时光。

这两部纪录片犹如两个符号，勾勒出中美经济在过去几十年的发展轨迹。

通用曾是美国制造业的象征，工厂所在地代顿，有当地人引以为豪的创新发明与工业制造的历史，几乎是两代人以前的“硅谷”：这里是莱特兄弟发明飞机之处，收银机也诞生于此。美国汽车制造业三巨头之一通用公司的工厂在此开了86年。通用最后一辆车的下线是美国制造业衰落的象征。

福耀则是中国制造业的象征，30多年时间，不仅成长为中国最具规模、技术水平最高、出口量最大的汽车玻璃生产供应商，而且将工厂开到了美国。2019年进入中国民企500强（第451名）。

2010年，中国成为世界第一制造业大国。“中国制造”意味着什么？网上曾流传一个视频，主题是“在美国可以不用中国制造吗？”美国挑战者在24个小时不用“中国制造”后，得出的答案是“可以，就是活不下去”。他翻了一遍身上服饰的标签，发现全都印着“中国制造”，就连手里的苹果手机也是中国组装。①

今天，“中国制造”一分钟能做什么？炼出1769吨粗钢、出产7002吨原煤、生产53辆汽车、下线460台空调、制造590台计算机，实现工业增加值5807万元，这是今天中国制造的规模；一分钟，“蛟龙号”能下潜50米、C919能飞行17.1千米、“复兴号”能前进5833米、“神威·太湖之光”能运算750亿亿次，这是今天中国制造的速度。②

随着当今世界新一轮科技和产业革命加速推进，以中国制造为代表的中国经济也面临向高质量发展转型升级的机遇和挑战。

2019年7月24日，中央全面深化改革委员会举行第九次全体会议，审议通过了《关于支持深圳建设中国特色社会主义先行示范区的意见》，强调“坚定不移走中国特色社会主义道路，坚持改革开放，践行高质量发展要求，深入实施创新驱动发展战略，

---

① 黄鑫：《从制造大国迈向制造强国》，《经济日报》2019年9月26日，第9版。

② 张朝晖、杨洁：《激发创新动力　中国制造赢得全球认同》，《中国证券报》2019年9月30日，第A01版。

抓住粤港澳大湾区建设重要机遇，努力创建社会主义现代化国家的城市范例”。[①]

短短一百多字的消息，用五个关键词，将中共十八大以来推动经济高质量发展的基本思路清晰地勾勒出来。经过40多年改革，中国经济保持着持续高速的发展，从崩溃的边缘一跃成为世界第二大经济体。但长期高速增长所带来的环境污染、结构失衡、产品附加值低等负面效应也日益凸显，2017年中共十九大提出“高质量发展”的要求，推动中国经济从“中国制造”向“中国智造”转变。

改革开放、创新驱动、以点带面推动粤港澳大湾区建设，这是推动经济高质量发展的重要手段，既有战术上的要求，也有战略上的部署。与此同时，“发展经济要以人民为‘圆点’画好‘同心圆’”，坚持社会主义基本方向，既要把蛋糕做大做好，也要把蛋糕分好，让全体人民共享经济发展的成果。

## 一、创新驱动：打造中国经济发展的新引擎

2019年注定是不平凡的一年，这一年一个自诩为这个星球上最强大的国家，失去了它应有的责任和气度，举一国之力对一家中国企业进行打压，而这家企业非但没有被压垮，竟然还奇迹般地逆势飞扬。

---

① 《习近平主持召开中央全面深化改革委员会第九次会议》，中华人民共和国中央人民政府网站，2019年7月24日。

5月16日，美国商务部工业和安全局（BIS）正式宣布，把中国华为列入“实体名单”。面对美国的打压制裁，华为没有美国预想中的慌乱。5月17日凌晨，华为旗下的芯片公司海思半导体总裁何庭波发布了一封致员工的内部信称，华为多年前已经做出过极限生存的假设，预计有一天，所有美国的先进芯片和技术将不可获得，因而早早地就启动了“备胎计划”。

就在华为“备胎转正计划”公之于众后不久，华为紧接着又曝出了自主研发的鸿蒙操作系统——华为自主研发的手机操作系统已经成熟，最快将在2019年秋天、最晚于2020年春天面市。8月9日，鸿蒙操作系统正式发布。

5月21日，美国商务部称，将给华为及其合作伙伴90天的临时许可。同日，任正非接受记者采访，针对这一消息，任正非很淡然，“90天对我们没有多大意义，我们已经准备好了”①。就在美国对华为宣布禁令的90天到来之时，任正非的一次内部讲话被公之于众，里面有一段话令人动容：“过去我们是为了赚点小钱，现在是为了要战胜美国。”②

华为的绝地反击给了美国一个措手不及：在核心技术上早已有所准备的华为，不会因为美国的打压制裁就轻易就范。

为何华为可以硬气回击？答案很明显，因为华为拥有雄厚的技术实力与丰富的技术储备。它不仅有自己的麒麟芯片，而且还

---

① 《中国的华为　世界的华为　特朗普打不败的华为》，《中国工业报》2019年5月23日，第2版。

② 王玉宝：《华为的呐喊但愿唤起更多斗士》，《浙江日报》2019年8月14日，第8版。

在使用安卓系统的同时开发了自己的操作系统以备不时之需。

而这背后更深层次的原因则在于华为高瞻远瞩的战略布局。据 2016 年的数据，在研发投入上，华为以 104 亿欧元（约合 830 亿元人民币）排名中国第一、全球第六（苹果排第七），研发占比总营收 19.2%。2018 年，华为的研发投入达到 1015 亿元，[①] 2019 年计划投入 1200 亿元。[②] 正是未雨绸缪的远见卓识和在技术创新方面的锲而不舍，造就了华为雄厚的技术实力和丰富的技术储备。

另据国际权威专利数据统计公司德国 IPlytics 发布的《谁领跑 5G 专利？》报告，截至 2019 年 4 月，全球 5G 标准必要专利总量约 6 万多件，中国企业申请的专利数约占 35%，华为以 15% 的占比名列第一。

华为注定要成为一个时代的坐标！

令人欣喜的是，不断加大研发投入的并不只是华为，在美国挥舞技术封锁大棒前，中国企业集体加强了研发投入。国内模拟芯片龙头企业之一的圣邦股份有限公司，2018 年的研发费用占营业收入的 16.19%，较 2017 年增加了 42%。受大环境的影响，该公司 2019 年第一季度营业收入同比下降 15.82%，但是，研发费用占比竟然大幅度提升到了 23.2%。和华为一样受到美国制裁打击的中兴通讯更是痛定思痛，研发费用占比从 2017 年的

---

① 陈姝：《深企梦想：在科技赛场踢出“世界波”》，《深圳商报》2019 年 7 月 29 日，第 A04 版。

② 孟庆建：《华为发布“硬核”成绩单：上半年逆势增长　年内计划 1200 亿投研发》，《证券时报》2019 年 7 月 31 日，第 A05 版。

11.9% 提高到 2019 年第一季度的 13.9%。

可以说，在各个行业，中国的各大企业都在大幅度增加研发费用，要像华为一样，用技术创新来实现推动中国经济增长从要素驱动和投资驱动转向创新驱动，实现中国经济发展的动能转换。中国的企业家们都认识到：技术创新是企业的命根子。拥有自主知识产权和核心技术，才能生产具有核心竞争力的产品，才能在激烈的竞争中立于不败之地。要紧紧扭住技术创新这个战略基点，掌握更多关键核心技术，抢占行业发展制高点。

这与整个国家的宏观战略不谋而合。其实，自十八大以来，中共非常清醒地意识到经济能否持续增长的关键在于创新，并明确提出：“科技创新是提高社会生产力和综合国力的战略支撑，必须摆在国家发展全局的核心位置”[①]。十九大更是为创新驱动发展规划了路线图，设定了时间表。在此期间，中共出台了一系列政策和措施，构建国家创新体系，以科技体制改革为切入口，建立企业为主体、市场为导向、产学研深度融合的技术创新体系，引导构建产业技术创新联盟，推动跨领域跨行业协同创新，促进科技与经济深度融合。中共希望通过以国家创新体系来助推发展方式转变，实现从数量追赶转向质量追赶，实现产业体系和产业结构的转型升级。

在强力推动下，中国的科技创新进入活跃期。研发投入强度快速上升，独角兽企业数量居全球第二位，移动支付、电子商务、

① 中共中央文献研究室编：《十八大以来重要文献选编》（上），中央文献出版社 2014 年版，第 17 页。

平台经济、新能源汽车等跻身世界前列，为高质量发展提供了技术支撑。[①] 据联合国教科文组织统计，中国的研发投入已经紧随美国之后，位居全球第二，美国是5111亿美元，中国是4519亿美元（按购买力平价计算），几乎相当于第三名日本（1657亿美元）的3倍，更是将英、法等传统科技强国远远地甩在后面。

更重要的是，中国研发投入的增长速度是最快的。自2011年到2016年的6年间，中国从2478亿美元增长到4519亿美元。2016—2018年，连续3年保持了两位数增速[②]，这也显示了中国在科技创新方面的决心。

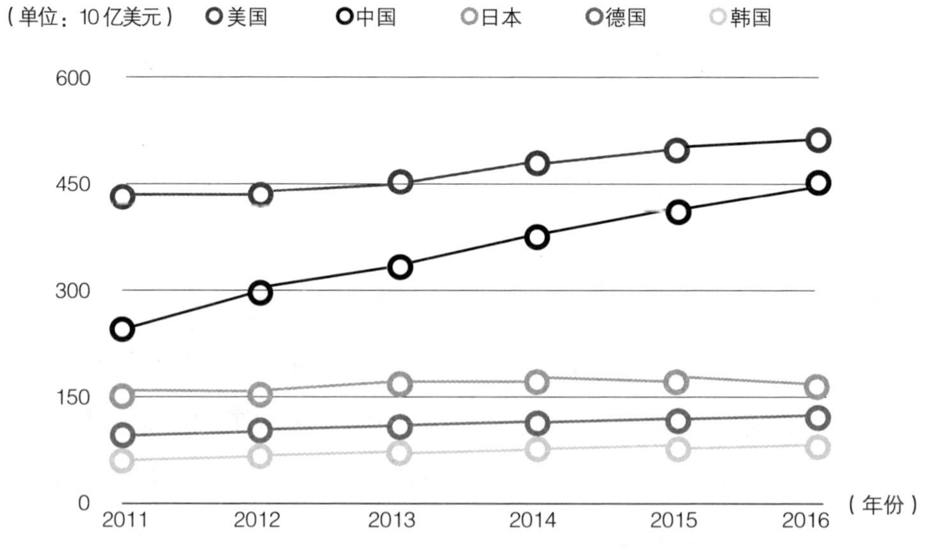


**图3-1　近年最高投入五大国科研资金变化图**

---

① 王丽娟：《王一鸣：推动经济高质量发展　要坚持问题导向》，《中国经济时报》2018年8月27日，第1版。

② 陆娅楠：《我国研发经费投入强度创新高》，《人民日报》2019年9月1日，第1版。

地方政府也在积极探索。广东把创新驱动作为转型升级的核心战略。2015 年 2 月，《广东省人民政府关于加快科技创新的若干政策意见》发布，创新券补助、科技成果转化收益、孵化器财政补助等多个政策在国内首次探索实施。2019 年伊始，广东省政府 1 号文《关于进一步促进科技创新的若干政策措施》发布，囊括了推进粤港澳大湾区国际科技创新中心建设、鼓励港澳高校和科研机构承担省科技计划项目等 12 个方面。一条长达 180 公里的广深科创走廊正在凝势聚能，它连接广州科学城、东莞松山湖、深圳高新区等 10 个核心创新平台。全省高新技术企业超过 3.3 万家，技术自给率和科技进步贡献率分别达 72.5% 和 68%，区域创新能力蝉联全国第一。[①]

尤其值得注意的是，此轮创新热潮摆脱了过去的短视行为，加大了对基础研究的投入力度。由于基础研究本身具有资金投入高、效果显现周期长、应用链条长等特点，很多企业更愿意将研发经费投入满足市场需求的“短、平、快”等应用型研究方面，致使中国在基础研究方面的投入长期远低于世界其他发达国家，严重阻碍了中国在创新方面的突破式发展。中共十八大以来，这种状况在一定程度上得到了改变，无论是政府还是企业都认识到，作为新知识的主要来源，基础研究是中国产业技术突破性创新的关键，基础研究的每一次重大突破都会催生一系列新技术、新发明，带动新兴产业崛起，促进经济社会发生重大变革。华为公司

---

① 徐金鹏、周强：《跋山涉水接力跑——全面深化改革的“广东探索”》，新华网，2019 年 1 月 19 日。

创始人兼 CEO 任正非多年前就表示要勇闯“无人区”。“新技术的生命周期太短了，如果不进入基础研究，就会落后于时代。一个公司不做基础研究，就会变成一个代工厂。”[①]

2018 年，中国国务院印发《关于全面加强基础科学研究的若干意见》，提出创新政府管理方式，引导企业加强基础研究，提升市场竞争力。[②] 2018 年 11 月，腾讯公司董事会主席兼首席执行官马化腾联合众多知名科学家共同发起设立“科学探索奖”，腾讯基金会投入 10 亿元人民币的启动资金资助。“科学探索奖”每年将在基础科学和前沿核心技术方面的九大领域，遴选出 50 名 45 周岁以下的青年科技工作者，期望能够激励一代又一代青年人投入到科学探索之中。腾讯内部也设立了不少以基础研究为方向的实验室，如量子实验室、机器人实验室 Robotics X 等。以量子实验室为例，腾讯希望推动量子科技的发展，助力基础科学的进步。2019 年 4 月，华为成立战略研究院，通过每年 3 亿美元的合作经费，支持学术界开展基础科学、基础技术、技术创新的研究。华为表示，华为过去的创新主要是产品、技术和解决方案的创新，华为战略研究院成立后，负责 5 年以上的前沿技术的研究，是华为技术体系的重要一环。[③]

---

① 陈姝：《深企梦想：在科技赛场踢出“世界波”》，《深圳商报》2019 年 7 月 29 日，第 A04 版。

② 《国务院关于全面加强基础科学研究的若干意见》，中华人民共和国中央人民政府网站，2018 年 1 月 31 日。

③ 陈姝：《深企梦想：在科技赛场踢出“世界波”》，《深圳商报》2019 年 7 月 29 日，第 A04 版。

中国政府和企业的努力是有成效的。世界知识产权组织和美国康奈尔大学等机构共同发布的“2019 年全球创新指数”报告显示，中国连续第四年保持上升势头，排在第 14 位，比 2018 年上升了三个位次。[①]

## 二、开放引领：在逆全球化浪潮中迎风飞扬

2017 年，中共十九大召开。也就是在这一年，特朗普一上任就将“美国优先”原则应用于外交领域，开启了让世人错愕、眼花缭乱的“退群模式”：

2017 年 1 月，特朗普的第一个行政措施，就是退出他认为将“摧毁美国制造业”的《跨太平洋伙伴关系协定》（TPP）；

2017 年 6 月，美国退出应对全球气候变化的《巴黎协定》；

2017 年 10 月，美国退出联合国教科文组织；

2018 年 5 月，美国退出美、英、法、俄、中、德六国花了十年艰辛谈判才达成的《伊朗核问题协议》；

2018 年 8 月，特朗普威胁称，如果美国得不到应有的待遇，美国将会退出世界贸易组织（WTO）；

2019 年 8 月 2 日，美国退出军备控制领域的历史性成果《中导条约》；

① 袁于飞：《美国指责中国知识产权保护不力毫无根据》，《光明日报》2019 年 8 月 16 日，第 11 版。

2019年8月13日，特朗普又威胁，如果有需要，美国随时可以退出WTO；

……

从经济到环境保护、从文化到国际安全，美国一言不合就“退群”，一点没有自己一直鼓吹的契约精神，毫无顾忌地推卸国际责任，以至于有人惊呼，难道美国要闭关锁国吗？

与之形成鲜明对照的是，在太平洋的西岸，中国却在不断地“建群”，不断地扩大开放的深度和广度。就在特朗普退出TPP的6天前，2017年1月18日，习近平在日内瓦万国宫出席“共商共筑人类命运共同体”高级别会议，并发表题为《共同构建人类命运共同体》的主旨演讲，提出：各国人民同心协力，构建人类命运共同体，建设持久和平、普遍安全、共同繁荣、开放包容、清洁美丽的世界。

世人惊叹，真是“三十年河东，三十年河西”！作为全球化引领者的美国在“美国优先”政策的指引下踏上了反全球化的征程，而曾经长期闭关锁国的中国现在成了全球化最坚定的支持者和捍卫者。

感到困惑的西方人可能不了解的是，中国对全球化的拥抱和支持，对对外开放的坚定决心，并非一时兴起，亦非为了应对中美贸易战的权宜之计，而是中共一以贯之的国策。2018年12月18日，在庆祝改革开放40周年大会上，习近平回顾了中国对外开放的艰辛历程：从广交会到进博会，从设立自由贸易试验区到共建“一带一路”，从“引进来”到“走出去”。如果说1980年深圳等经济特区的设立是中国向世界打开了一扇窗，那么，2001年中国加入世界贸易组织则象征着中国向世界敞开了大门。通过改革开放，中共带领人民绘就了一幅波澜壮阔、气势恢宏的历史画卷。习近平说：“改革开放40年的实践启示我们：开放带来进步，封闭必然落后”，要“统筹国内国际两个大局，坚持对外开放的基本国策，实行积极主动的开放政策，形成全方位、多层次、宽领域的全面开放新格局”，“不断推动共建人类命运共同体”。①

在此，习近平将对外开放置于“国内国际两个大局”的背景下加以思考，体现了一个成熟的政治家的远见卓识。中共深知，唯有进一步深化改革开放，中国才能更高质量地发展；也唯有更加开放，中国才能更好地履行自己的国际责任。这两个大局是相互交织、密不可分的，也是相互促进、相得益彰的。40多年来，中国的高速发展得益于对外开放。根据中方的统计，自1987年有外资统计以来，中国累计实际利用外资20026亿美元。②今天，面对世界百年未有之大变局，中国的对外开放对于世界经济的稳定和发展起着至关重要的作用。一如美国彭博新闻社所言，到世界走一遭，你会发现：中国在崛起，而西方在对付着过。中国经济早已成为世界经济增长的重要贡献者和主要推动力。根据世界货币基金组织的统计，自2013年以来，中国对世界经济增长的

① 习近平：《在庆祝改革开放40周年大会上的讲话》，《人民日报》2018年12月19日，第2版。

② 冯其予：《商务部：中国的发展来自不断推进改革开放》，《经济日报》2018年10月12日，第3版。

年均贡献率超过30%。

2018年，习近平在博鳌亚洲论坛的主旨演讲中明确地告诉世界：“中国开放的大门不会关闭，只会越开越大！”

正是在这样具有远见卓识的领导人的带领下，中共近年来推出若干重大举措，加快形成对外开放新局面。

第一，大幅度放宽市场准入。中国多次对外资准入负面清单进行修订，到2018年，保留的限制措施与2011年相比已经减少了约3/4。2019年7月30日，中国正式实施2019年版《全国和自贸试验区外商投资准入负面清单》和《鼓励外商投资产业目录》。与2018年负面清单相比，全国外资准入负面清单条目由48条减至40条，压减比例为16.7%；自贸试验区外资准入负面清单条目由45条减至37条，压减比例为17.8%，进一步扩大农业、采矿业、制造业、服务业开放。在部分产业门类中，新版负面清单不再强调中方的控股权。新版的《鼓励外商投资产业目录》，较大幅度地增加了鼓励外商投资的领域，其中，80%以上属于制造业范畴，并支持中西部地区承接外资产业转移。新版《外商投资准入负面清单》和《鼓励外商投资产业目录》，一个压缩、一个扩大，一增一减之间透露的是中国扩大开放的决心。[①]

第二，创造更有吸引力的投资环境。投资环境就像空气，空气清新才能吸引更多外资。过去，中国吸引外资主要靠优惠政策，现在要更多地靠改善投资环境。中共对投资环境的改善主要包括

---

① 李雯婷：《中国正式实施2019年版外商投资准入负面清单和鼓励外资产业目录》，中央广电总台国际在线，2019年7月30日。

四项举措：

1. 加强同国际经贸规则对接。作为世贸组织的重要成员，中国始终维护世贸组织规则的权威性，共同完善以世贸组织为核心、以规则为基础的公平开放的多边贸易体制；继续致力于维护以国际贸易规则为基础的、透明、非歧视、开放和包容的多边贸易体制，减少和消除贸易投资壁垒，主动参与及局部引领多边贸易谈判。同时，以“一带一路”倡议为契机，与沿线国家构建与国际经贸新规则相衔接的贸易投资合作机制；对于 TPP、TTIP（跨大西洋贸易与投资协定）和 TISA（国际服务贸易协定）等新型贸易协定持开放态度，倡导 TPP 和 RCEP（区域全面经济伙伴关系协定）对接融合，朝着亚太自贸区的大方向迈进。

2. 通过自贸区试点建设积累经验，完善法律法规。从 2013 年 9 月上海自贸区挂牌、正式试水自贸试验区开始，6 年时间，中国的自贸区布局已从单兵突进转向多点开花。到 2019 年 8 月，在前三批自贸区的基础上，第四批 6 个自贸区的方案已经在审批中。与此同时，2019 年 8 月 6 日，国务院印发《中国（上海）自由贸易试验区临港新片区总体方案》。中国的自贸区建设真正的看点，不只在规模之大，更在于开放力度之大。作为对外开放新的试验田，中国的自贸区建设要对标国际上公认的竞争力最强的自由贸易区，实施具有较强国际市场竞争力的开放政策和制度，建设更具国际市场影响力和竞争力的特殊经济功能区。自贸区建设的前 5 年，着重于投资贸易便利化层面的制度性探索，应运而生的外商投资负面清单、商事登记制度等，都已经成为整个经济体制改革领域的标配。新片区的试验将在推进投资贸易自由化、营造公平竞争的投资经营环境方面进行更多的尝试。

3. 增强市场在资源配置中的决定性作用，鼓励竞争、反对垄断。2018 年 3 月通过的《深化党和国家机构改革方案》中，原先发展改革委、工商总局、商务部的反垄断职能统一并入新组建的国家市场监督管理总局。这一机构的成立，表明了中共建立统一开放竞争有序的现代市场体系的决心，使市场在资源配置中起决定性作用。

4. 加大产权保护力度。“知识产权保护不力”，这是美国经常攻击中国的一个借口。但是，事实上中国过去 40 多年不仅建立起了一套完整的知识产权法律体系、管理制度，而且也迅速成为全球最大的知识产权产出国。中国加入 WTO 以来，知识产权保护效果明显。从 2001 年起，对外支付知识产权费年均增长 17%，2017 年达到 286 亿美元。与此同时，2017 年，中国发明专利申请量达 138.2 万件，连续 7 年居世界首位。根据 2017 年的全国知识产权保护社会满意度调查，总体满意度是 76.69 分，其中在华外商独资企业是 76.94 分，合资企业是 80.16 分，高于总体满意度，这充分说明外商独资和合资企业对中国的知识产权保护是满意的。即便如此，2018 年 3 月，中国对国家知识产权局进行了重组，将以前分散在国家知识产权局、国家工商总局商标局、国家版权局的专利、商标、版权等职能统一起来，以加大对知识产权保护的力度，改善营商环境和外商投资环境。

第三，主动扩大进口。中国改革开放40多年的国际贸易经历了一个由“出”到“进”的转变，从改革开放之初大力推动“出口创汇”，到之后长期实行“出口导向”，再到近年的“主动扩大进口”。2018年以来，中国对外开放加速推进。这一年，中国4次主动降低关税，平均关税从9.8%降到7.5%；这一年，中国加快了加入WTO《政府采购协定》的进程；这一年，中国开始举办中国国际进口博览会，这是迄今为止世界上第一个以进口为主题的国家级展会，是中国着眼于推动新一轮高水平对外开放作出的重大决策。这些措施彰显了中国进一步扩大开放、促进全球贸易、合作发展的决心与信念。

中国真心实意的努力换来了世界关注的目光。中国欧盟商会的调查显示，2018年62%的企业将中国作为当前和未来的前三大投资目的地之一。

中国更加开放、更加包容的“人类命运共同体”观念则得到了越来越多国家的认同。第71届联合国大会主席彼得·汤姆森在接受记者采访时说，中国所倡导的构建人类命运共同体理念“对我而言，这是人类在这个星球上的唯一未来”[①]。

① 王政淇、张益智：《习近平日内瓦演讲一周年：世界为何青睐“人类命运共同体”》，人民网，2018年1月18日。

## 三、四维张开：撑起中国经济高质量发展的蓝天

“粤港澳大湾区”，这是深圳先行示范区建设的第三个关键词。经过20余年筹划，这一宏伟规划于2016年横空出世。是年3月，“十三五”规划正式提出“粤港澳大湾区”概念；2019年2月18日，《粤港澳大湾区发展规划纲要》出台。

“粤港澳大湾区”的提出标志着中共发展思路上的一次飞跃。从国际经验看，发达国家人口迁移一般经历两个阶段：从城镇化到以大城市为核心的都市圈化城市群化。城市群是经济发展到一定阶段的重要标志，是推进高质量发展和参与国际竞争的主要平台。20年前，中国的发展是以城市为中心的个性化发展时代，“八仙过海，各显神通”；20年后，区域合作、协调发展成为中国发展的大势！

放眼世界，纽约湾区、旧金山湾区和东京湾区，这三大国际湾区是全球经济的中枢与引擎。世界银行的数据显示，全球60%的社会财富、75%的大都市、70%的工业资本和人口都集中于入海口。科技是旧金山湾区的名片，金融令纽约扬名，工业制造业成就了东京。纽约湾区是国际金融中心的核心中枢，是纽交所、纳斯达克证券交易所和华尔街的所在地。湾区人口不及上海一个城市，但2016年GDP总量高达1.65万亿美元，差不多抵得上北京、上海、广州、深圳GDP的总和。

旧金山湾区是世界上最重要的高科技研发中心之一，著名的硅谷就坐落于此，它是21世纪科技精神的象征。2017年，湾区的GDP规模达到8000亿美元，仅次于世界18个国家。东京湾区是日本的核心，人口占日本全国人口的1/3。湾区聚集了佳能、三菱重工、索尼、东芝、富士通等大型企业，已形成包括钢铁、有色冶金、石化、机械、电子、汽车等产业在内的工业产业带。2017年，东京湾区的GDP规模达1.3万亿美元。

粤港澳大湾区尽管刚刚起步，但其潜力不可低估。粤港澳大湾区包括香港特别行政区、澳门特别行政区和广东省广州市、深圳市、珠海市、佛山市、惠州市、东莞市、中山市、江门市、肇庆市，总面积5.6万平方公里，2017年末总人口约7000万人，是中国开放程度最高、经济活力最强、创新能力最强的区域之一。[①] 2017年，粤港澳大湾区的GDP规模达1.34万亿美元，与东京湾区相当；经济增速为7.9%，居世界各大湾区之首。

按照中共的设计，粤港澳大湾区的使命是要指向中国经济未来的。《粤港澳大湾区发展规划纲要》指出，到2035年，大湾区形成以创新为主要支撑的经济体系和发展模式。粤港澳三地更加深入广泛的合作，进一步提升激发起发展活力和创新能力、优化产业结构、促进要素流动，打造国际一流湾区和世界级城市群。而且，其指标不是单纯的经济，而是综合性的，还包括民生改善、

① 科睿唯安（Clarivate Analytics，前汤森路透）遴选出的2018—2019年度全球创新百强企业与机构，中国企业入选的比亚迪、华为等，都是粤港澳大湾区里深圳的企业。

文化软实力、公共服务水平和生态环境质量等内容，真正树立起一个高质量发展的典范。

值得注意的是，粤港澳大湾区并非单兵突进，它仅仅只是中共宏观布局中的一个点。根据2016年制定的“十三五”规划纲要，未来5年中国要建设19个城市群，形成更多支撑区域发展的增长极。按照其发育程度，可以将这19个城市群分为三个层次：第一梯队的有4个，属于成熟期城市群，包括京津冀、长三角、珠三角，以及2018年底确定的成渝城市群，这四个城市群是中国经济高质量发展的四根支柱；第二梯队有7个，属于发展期城市群，包括长江中游城市群、中原城市群、关中平原城市群、山东半岛城市群、海峡西岸城市群、辽中南城市群和哈长城市群；其余的是第三梯队，属于培育期城市群，包括北部湾城市群、天山北坡城市群、呼包鄂榆城市群、滇中城市群、黔中城市群、兰西城市群、晋中城市群和宁夏沿黄城市群。第二、第三梯队的城市群犹如点点繁星，和四大城市群一起构成一张大网，共同撑起中国经济高质量发展的蓝天。

在这四维中，最成熟的还是长三角和珠三角。

2016年5月11日，中国国务院常务会议通过《长江三角洲城市群发展规划》，提出培育更高水平的经济增长极。到2030年，全面建成具有全球影响力的世界级城市群。[①] 长三角地区包括上海、江苏、浙江和安徽三省一市，2018年GDP达17.9万亿元，

---

① 周敏：《建设世界级城市群——〈长江三角洲城市群发展规划〉发布》，《科技智囊》2016年第8期，第23—29页。

是中国经济最具活力的区域，城市层级结构也最为合理。

长江经济带是中国唯一一个贯穿东中西部的纽带，该区域人口和经济总量超过全国的40%。如果把长江比作一条腾飞的巨龙，长三角无疑是龙头。只要长三角城市群能健康成长，它就可以作为一个经济增长极，带动整个长江流域经济的腾飞。而且，它依托贯穿东中西部的母亲河，背靠中原腹地，面向广阔的太平洋，可以辐射到长江中游城市群、中原城市群，提升它们的整体发展水平，再通过它们促进华东和华中地区的发展，并参与国际竞争，提升该地区产业在全球价值链和产业分工体系中的位置。

为了实现这一目标，《长江三角洲城市群发展规划》对长三角城市群的 26 个城市予以不同的定位，未来将以核心城市为支点构建都市圈：上海致力于打造国际经济中心、国际金融中心、国际贸易中心、国际航运中心，扬子江城市群为上海提供广阔的经济腹地；南京、苏州是全国先进制造业中心，苏南 5 市纳入其中；南通成立通州湾江海联动开发示范区，打造江苏沿海新兴区域枢纽港；杭州是“互联网 +”双创中心，拥有全新的商业模式以及阿里巴巴、网易等知名互联网企业；宁波是重要的港口城市和制造业基地，宁波—舟山港的货运吞吐量位居全国第一；合肥已经建成世界级新型显示面板生产基地，初步形成了以战略性新兴产业为先导的先进制造业体系。

珠三角城市群则升级为粤港澳大湾区，不仅囊括了原有的珠三角内陆城市，而且将香港和澳门也纳入其中，形成粤港澳三地互动态势。2018 年珠三角人均 GDP 达 12.9 万元，居中国各大城市群首位，城镇化率 85.3% 为中国最高。可以说是中国最有潜力的区域。再携手“东方明珠”香港，其发展前景不可估量。

在升级过程中，作为改革开放排头兵的深圳的重要性日益凸显，这个昔日的小渔村，如今已变成全国经济中心城市、科技创新中心。2018 年深圳 GDP 突破 2.4 万亿元，仅次于北京和上海，排名第三；人均 GDP 达到 18.96 万元，较北京、上海、广州三地分别高 35.2%、40.44% 与 21.92%。研发投入方面，深圳全社会研发投入占 GDP 的比重达到 4.2%，位居全国城市前列。[①] 由此，深圳创新发展能力不仅在中国国内领先，已在全球显现其巨大的影响力，孵化了华为、大疆、腾讯等全球知名企业。中国社会科学院和经济日报社共同发布的“2018 年中国城市竞争力报告”显示，深圳位列“综合经济竞争力排行榜”榜首。随着“深中通道”（深圳—中山跨海大桥）和“深珠通道”（深圳—珠海跨海大桥）等交通设施的建设，南粤将逐渐形成“环深圳经济圈”，深圳在其中发挥类似上海的龙头作用。为此，2019 年 7 月 24 日，中共中央审议通过了《关于支持深圳建设中国特色社会主义先行示范区的意见》，着力将其打造成高质量发展典范和区域经济发展的核心引擎。

2018 年 10 月 24 日开通运营的港珠澳大桥为粤港澳大湾区建设创造了有利条件，这座被英国《卫报》誉为“新世界七大奇迹”的世界上最长的跨海大桥，将粤港澳三地连为一体，被视为粤港

① 李晓玲、王丰：《深圳研发投入占 GDP 比重达 4.2%》，新华网，2019 年 4 月 14 日。

澳大湾区互联互通的“脊梁”，可有效打通湾区内部交通网络的“任督二脉”，从而促进人流、物流、资金流、技术流等创新要素的高效流动和配置。

京津冀城市群主要以北京为核心，天津、雄安新区为副中心，发挥北京的辐射带动作用，打造以首都为核心的世界级城市群。雄安新区选址在河北，与北京、天津正好构成一个等腰三角形，成为京津冀城市群的三个支点之一。

雄安新区能否发挥区域均衡发展的支点作用，这是京津冀城市群能否成功的关键，中共下足了力气，要将雄安新区打造成为一座“未来之城”。为了让雄安新区建设步入快车道，2017 年 8 月，北京和河北签订协议，全方位对接支持河北雄安新区规划建设，不但拿出真金白银，而且充分发挥北京教育、医疗、科技创新等核心资源优势，把支持雄安新区建设当成北京自己的事来办，雄安需要什么就支持什么。①

2019 年伊始，《河北雄安新区总体规划（2018—2035 年）》出炉，雄安新区的顶层规划，反复强调“绿色”与“科技”两大主题，旨在将新区打造成高端高新产业发展核心区。

全力推进环境治理和生态建设。2018 年雄安新区空气质量综合指数为 6.50，较 2016 年（8.16）下降 20.34%；PM2.5 浓度为 62 微克 / 立方米，较 2016 年（84 微克 / 立方米）下降 26.19%。白洋淀流域生态环境质量得到明显改善，新区全域森林覆盖率将由

---

① 王海亮：《拿出真金白银：北京八大领域全面支持雄安新区建设》，《北京晨报》2017 年 8 月 22 日。

设立新区前的11%提高到40%，白洋淀“华北之肾”功能将得到恢复。

实施创新驱动发展战略。两年来，先后有20余家央企、40余家金融机构、100余家知名企业落户新区；BAT（百度、阿里巴巴、腾讯）等26家高端高新企业开始挂牌；清华大学智能实验室、互联网产业园、中关村科技园等一大批项目正在积极推进；2019年实施的69个重点建设项目，总投资近3000亿元。

仅仅两年时间，雄安新区就从一个概念变成了现实，为世人对京津冀城市群的发展打开了想象空间。

2018年11月，中共中央、国务院决定提升成渝城市群的定位，将其建设成为国家级城市群，并逐步向世界级城市群迈进。这当然是出于深远的战略考量，一方面，它是西部经济基础最好、经济实力最强的区域之一，具有承东启西、连接南北的区位优势，作为新的增长极，既可以作为龙尾托起长江经济带的末端，又可以作为龙头引领西部大开发；另一方面，它处在“一带一路”的关键节点上，立足西南、辐射西北、面向欧亚，可以对“一带一路”起到支撑作用。

和京津冀城市群一样，成渝城市群也存在结构性短板：核心城市背向发展。夜光图显示，成渝城市群城中间城市灯光微弱，灯光孤立分布，这一特征与各城市GDP总量不谋而合：重庆从主城9区到渝西城市由东向西逐渐递减，四川则由成都到川东城市由西向东逐渐递减，正好在城市群中间板块形成明显的“凹陷”。与之相关的是，成渝城市群内的成都、重庆“双核独大”，次级中心城市发育不足，城市梯次和功能梯度布局尚未形成。有鉴于此，政府这只“有形大手”开始全力推动巴蜀大地的变革，2019 年，成都继续实施“东进”战略，重庆“西进”加速，开始补足城市群中部“凹陷”，将成渝城市群紧密联系在一起，并在生态、产业、交通、高新科技四个方面加速合作，实现一体化进程。① 一个以成渝为核心，拥有近 1 亿人口和近 6 万亿元经济总量的国家级城市群正在西部冉冉崛起，成为推动中国经济增长的第四极。

至此，四维全部张开，成为中国经济增长的四大支柱和四个引擎，将引领中国经济在转型升级中实现高质量发展。

从中共过去 40 多年的改革经验来观察，长三角城市群和粤港澳大湾区在制度创新、产业分工、互联互通等方面所积累的经验，可以为其他城市群的发展提供借鉴，从而大大加快其发展进程。城市群建设一个重要的问题就是区域内不同城市之间的分工合作和协调，在这方面，长三角已经成形的三级区域协调机制就很值得其他的城市群参考。例如，在上下游水系的污染控制和赔偿机制上，江苏省和浙江省就形成了非常好的协同治理机制，包括信息互通、联合监督、联合调解、监测预警等，规定了跨境断面水质达标标准。上游从经济发展收益中拿出部分用于支付环境治理成本。若断面水质超标污染下游，下游将获得环境赔偿。这一成本共担、利益共享机制，让曾经横亘在嘉兴和苏州之间多年

① 熊晓雨：《万条数据“画像”成渝城市群升级之路》，澎湃新闻网，2019 年 8 月 6 日。

的水污染纠纷获得了调停的机会。在两地合作治理下，流域水环境显著改善，水纠纷事件发生率明显下降。目前，这一协商机制正在成为长三角城市群三个层面的协商体制，成为长三角城市群之间的程序性会议。①

19 个城市群，以 25% 土地集聚 75% 人口，创造了 79.3 万亿元的 GDP，占全国的 88.1%，是中国当前以及未来发展的重点。

从中共打造经济增长极的宏大构想中，我们可以领略到中共深邃的战略眼光，也仿佛看到一幅波澜壮阔的瑰丽画卷正在徐徐展开。

---

① 赵晶、梁倩：《近三分之一城市群规划年内完成》，《经济参考报》2016 年 6 月 29 日，第 A01 版。

时代之问

# 第四章

## 『让人民群众在每一个司法案件中都感受到公平正义』

2014年10月，中共十八届四中全会召开。此次全会吸引了全世界的目光，中共执政65年来，第一次将“依法治国”作为中央全会的主题。2015年4月初，《关于贯彻落实党的十八届四中全会决定进一步深化司法体制和社会体制改革的实施方案》出台，将四中全会提出的84项改革举措逐项具体化，明确工作进度和时间节点。从法官员额制改革到巡回法庭的设立，从推进以审判为中心的刑事诉讼制度改革到强化人权司法保障机制，从人民陪审员制度改革到智慧法院建设，各项工作有序推进。在这场紧锣密鼓的改革中，最让人心动的是它始终将人民放在首要的位置，紧紧围绕着人民为中心来设计改革思路，提出改革举措，以司法公开和司法民主来提升司法公信力，以更便捷的司法服务让司法更亲民。

## 一、“正义应当实现，并且应当以人们看得见的方式实现”

战后英国最著名的法官丹宁勋爵曾有一句名言：“正义应当

实现，并且应当以人们看得见的方式实现”，它凸显的就是司法公开的重要性。[①] 可以说，司法公开是法治建设的重要一环，无论是提升司法公信力还是树立法治权威，都必须建立健全阳光透明的司法权力运行机制。中共十八大以来，中国充分利用互联网技术，将其与审判公开相结合，创设了“法院网络直播庭审”和“裁判文书上网”这两项制度，以老百姓看得见的方式运送公平正义。

法院网络直播庭审并非始于十八大，早在2004年法院就已经开始尝试网络直播庭审，[②] 但直到十八大以后，这一尝试才真正走向制度化。

2010年，最高人民法院颁布的《关于人民法院直播录播庭审活动的规定》，就直播庭审的主体、案件、审核等问题作出了比较具体的规定。2013年11月21日，首个国家级法院官方微博“@最高人民法院”开通。[③] 中国司法公开全面迈入“微”时代。人们惊呼，2013年是全国法院的“微博年”。

2014年10月十八届四中全会召开后，网络直播庭审工作全面提速。网络直播庭审在全国范围内推行，从重大案件的微博直播到各地庭审直播网的开通，直播数量不断积累，直播案件范围不断扩大。尤其是像薄熙来案，如此高级别的官员贪腐

① ［英］丹宁勋爵：《法律的界碑》，刘庸安、张弘译，法律出版社2011年版。

② 张悦：《“互联网＋司法”之网络直播庭审问题实证研究》，《辽宁大学学报（哲学社会科学版）》2016年第6期，第121—128页。

③ 胡铭、梁斌：《网络庭审直播视野中的刑事审判——基于问卷调查的实证分析》，《浙江大学学报（人文社会科学版）》2011年第4期，第184—195页。

案件的庭审直播，在以往是不可想象的。从大案要案的选择性公开，到原则上都公开，这不是简单的量的改变，而是质的飞跃。人们在网上观看即时的庭审情况，亲身感受权力在阳光下运行，这不仅促进了司法的公开公正，而且强化了人们对法律的敬畏。

特别值得一提的是，2016 年 9 月 27 日，中国庭审公开网正式对外直播各级人民法院的庭审实况。根据中国庭审公开网的实时统计，截至 2019 年 8 月 20 日，最高人民法院累计直播案件 3325 件，全国各地法院累计直播案件 440 万件，全国各网站累计访问量达到 185 亿次。①

网络直播庭审从无到有，从只有一两个法院尝试到全国范围推广，司法公开取得了巨大的成绩。今天，对于各级人民法院而言，网络直播庭审已成为常态化的工作内容。在北方的河北省，从 2015 年 6 月 1 日起，省高院依法公开开庭审理的民商事案件全部网络直播；同年 6 月底，中级人民法院依法公开开庭审理的民商事案件全部网络直播；12 月底，基层法院依法公开开庭审理的民商事案件全部网络直播。② 在南方的广东省，2014 年 9 月 24 日广州市中级人民法院正式开通两级法院庭审网络直播平台，除了涉及国家秘密、个人隐私、未成年人犯罪和法律另有规定的依法不公开开庭审理的案件外，其他案件没有特殊情况均将进行

① 中国庭审公开网，http://tingshen.court.gov.cn/，访问日期：2019年8月20日。

② 丁力辛：《庭审直播，让司法更“阳光”》，《人民法院报》2014年9月5日，第1版。

网络直播。[①] 视频页面由法官席、公诉人席、辩护人席、被告人席、全景五个画面和一个备用窗口组成，备用窗口用来播放需要展示的证据。

将庭审过程采用网络形式公开，置于群众的监督之下，不仅有利于审判的公平公正，而且可以产生“倒逼”效应，推动其他监督、管理措施不断完善，从而为公平公正提供更为坚实的基础：

——直播推动评价机制改革。河北高院出台了《河北法院阳光司法指数评估暂行办法》，评估办法建立了 34 项约束性指标体系，涵盖了司法公开的各环节和司法公开保障机制等。评估由法院自评与第三方机构他评相结合，各占 50% 权重，今后将完全由第三方独立评估。同时，建立每月通报、定期调度、重点约谈等考核管理机制，对全省 190 多家法院评估结果每月统一排名，并兑现奖惩。“倒逼”公正取得了阶段性成果：全省赴省、进京涉诉上访案件比 2013 年同期明显下降，其中赴省访下降 35.9%；2019 年上半年，全省法院各类一审案件上诉率下降 16.95%。

——直播重构和强化了回应型司法。全面推行庭审直播后，各级法院在司法公开平台建立了投诉窗口，设立了官方微博微信微视、院长信箱、举报网站，广泛听取、征求人民群众的意见和建议。以群众比较关注的院长信箱为例：2014 年 1—8 月份，河

① 刘小鹏：《庭审网络直播与当事人隐私权保护的冲突与平衡》，《法律科学（西北政治大学学报）》2015 年第 3 期，第 64—72 页。

北高院共收到群众投诉310件、意见和建议52件，做到每封信必阅、分类批办、跟踪督促，并及时向来信人反馈办理结果。全省三级法院都与最高人民法院建成了远程接访系统。[①]

中国公开裁判文书最早的尝试是1999年由北京市第一中级人民法院做出的，公民可以凭借个人有效身份证件，查询相关案件的裁判文书。最早的裁判文书上网则是在河南，2009年，河南全省法院分三阶段实现裁判文书全部上网，此事被人民网、央视网和中国法院网共同评为2009年度中国十大法制新闻之一。

也是在2009年底，中国最高人民法院出台了《关于司法公开的六项规定》，规定首次将裁判文书公开与其他审判活动公开分离出来，单独作为一项加以规定。2010年11月21日，最高人民法院出台了《关于人民法院在互联网公布裁判文书的规定》，标志着中国裁判文书公开工作进入了一个新的阶段。在这一规定的推动下，中国法院网和全国各级人民法院网站的建立，为裁判文书公开上网奠定了基础。2013年7月1日，中国裁判文书网正式建成开通，访问数量每秒上千次，上传文书日均5万份。2017年8月，中国裁判文书网访问量突破100亿次；2018年11月，访问量突破200亿次；截至2019年8月21日，公布裁判文书7483万份，访问量达到319亿次。[②] 中国裁判文书网已经成

---

① 丁力辛:《庭审直播，让司法更“阳光”》，《人民法院报》2014年9月5日，第1版。

② 中国裁判文书网，http://wenshu.court.gov.cn/，访问日期：2019年8月21日。

为全球最大的裁判文书网。

裁判文书公开绝非简单的文书公开，而是一个重大的制度建构，并以此倒逼司法改革的深化。

裁判文书公开给具体办案的法官以更大的责任和压力，并对司法机关内部的行政化管理模式形成冲击。如果说在公开之前，法官做出裁判时主要需要面对的是案件的当事人及其代理律师的话，那么，公开后这些裁判文书需要面对的则是所有人，尤其是作为同行的法官、检察官、律师和其他法律专家。且不说少数裁判文书因存在笔误或其他显而易见的“硬伤”，如果文书本身存在说理不足等问题，公众通过对裁判文书的“挑刺”使得审理程序和裁判结果本身的质量缺陷暴露出来，给法院带来的巨大压力则是不言而喻的。这就“倒逼”法院和法官在案件的审理和裁判文书的撰写过程中精益求精，不断提高法官的专业素养，规范审判权的行使。

为了提高裁判文书公开的规范性，充分发挥优秀裁判文书的引领示范作用，最高人民法院建立了全国法院裁判文书上网情况季度通报制度，对文书上网率不高、及时性不强的法院逐一函询督促和问责；完善了裁判文书评查机制，开发了优秀裁判文书评查平台，利用信息化技术对裁判文书开展大规模筛查，将裁判文书评查工作常态化、制度化、信息化；开展第三方评估，着力查找文书公开工作中存在的问题。[①] 2019 年，最高人民法院组织了

① 张曦：《中国裁判文书网总访问量突破 200 亿》，《人民法院报》2018 年 11 月 14 日，第 1 版。

全国法院首届“百篇优秀裁判文书”评选活动，由全国资深法官代表、人大代表、政协委员、专家学者、特邀监督员、咨询员、律师等共1390位专家组成评审团，从全国四级法院推荐的1203篇候选文书中评选出100篇精品文书。[①] 这些措施有力提升了全国法院裁判文书制作水平。

法院网络直播庭审和裁判文书上网这两项制度并非一般的工作程序要求，其更深远的意义在于制度建构，一方面通过公开“倒逼”司法过程的规范化，另一方面则通过公开构建回应型司法制度。不论是开庭信息的公开还是宣判的公开，不论是庭审过程的公开还是判决执行的公开，它们在司法和公众之间创造了一个对话空间，既开通了向社会普及法律意识和彰显正义的通道，又开通了社会监督司法和司法回应社会的通道。在这个意义上，司法公开确保了司法的民主性质，即司法为民和司法对人民负责，使司法能够根植于社会，准确把握社会的脉搏和人民的呼声。[②] 在这种回应型司法的构建过程中，司法公开不是终点，而是起点，紧随其后的是进一步建立各种回应机制，如对公众监督和批评的反馈和整改机制、对公众舆论和情绪的分析和应对机制以及对公布的违法干预情况的抵制和消除措施。我们欣喜地看到，中国正在朝着这方面努力。

① 赵春艳：《全国法院首届“百篇优秀裁判文书”获奖名单揭晓》，《民主与法制时报》2019年3月23日，第1版。

② ［美］诺内特、塞尔兹尼克：《转变中的法律与社会：迈向回应型法》，张志铭译，中国政法大学出版社2004年版。

司法公开就像一根杠杆，能够撬动司法公信力的整体提升。一方面，将司法权置于阳光下运行，满足人民对司法工作的知情权、表达权、参与权和监督权，人民亲身感受到司法的公正和法官的辛劳，从而对司法工作更加理解和信任。另一方面，公正的司法行为、高质量的审判活动，是树立司法公信力的基础。

## 二、从“看得见”到“摸得着”：人民陪审员制度改革

人民对于司法的期待，不仅要“看得见”，还要“摸得着”，也就是说，司法对于人民而言不仅要透明，而且要可触及。这就要求司法开放相应的渠道，使公民能够有序参与。在中国，公民有序参与司法的形式主要有六种：人民陪审员制度、公民参与司法调解、公民参与司法听证、公民参与司法涉诉信访、司法的舆论监督、庭审旁听制度。其中，人民陪审员制度改革是近年中共司法改革的重要着力点之一。社会主义司法制度的基本属性是人民性，其核心要义就是保证人民接近司法、参与司法、监督司法。中共十八届四中全会审议通过的《中共中央关于全面推进依法治国若干重大问题的决定》也明确提出，坚持人民司法为人民、依靠人民。人民陪审员制度就是在依靠人民的理念指导下创造出来的一种具有中国特色的司法制度安排。

在中国，中华人民共和国成立后，第一部宪法性纲领文件《中

国人民政治协商会议共同纲领》和 1954 年宪法都对人民陪审员制度的法律地位予以确认。1954 年的《中华人民共和国人民法院组织法》将人民陪审员制度确认为一项司法原则。[①]

进入 21 世纪，随着中国依法治国的推进和社会主义政治民主建设的深入，人民陪审员制度作为一种司法民主制度的价值更受重视。2004 年 8 月，全国人大常委会通过了《关于完善人民陪审员制度的决定》，并于 2005 年 5 月 1 日正式实施。

10 年后的 2015 年，开始在部分地区开展人民陪审员制度改革试点工作，在总结试点工作经验的基础上，2018 年 4 月 27 日，全国人大常委会通过了《中华人民共和国人民陪审员法》（以下简称《人民陪审员法》），这是深化司法民主具有里程碑意义的一件大事。

中国的人民陪审员制度与以美国为代表的英美法系陪审制和以法国为代表的大陆法系的参审制均有不同。陪审制下的陪审员有权单独对案件事实做裁定，法官须据此做出法律裁决；参审制下的陪审员则与职业法官一起共同主持庭审活动、认定事实和适用法律，并享有平等的表决权。与他们不同，中国的人民陪审员是来自各行各业的普通公民，他们对案件事实的分析不是基于专业的法律知识，而是立足于直观感受、生活常识和自身体验，制度设计的初衷是通过他们所呈现的地方性知识和独特的社会视角，弥补法官地方性知识的不足和单一法律视角可能构成的局限，

① 萧伯符主编：《中国法制史》，人民法院出版社 2003 年版。

使其基于客观的事实判断，做出不仅合法而且合情合理的裁判，从而实现司法公正与社会公正的无缝衔接。

2018年通过的《人民陪审员法》有诸多可圈可点之处：

第一，在选任条件上，“一升一降”，增加了人民陪审员的多元性和代表性。“一升”，从年满23周岁提高到28周岁，这体现了司法的审慎原则，人民陪审员必须拥有一定的社会阅历和生活经验。“一降”，从“一般大专以上”降低到“一般高中以上”，这照顾到了公民普遍受教育程度的实际国情。中国国家统计局公布的第六次全国人口普查数据显示（2010年）[①]，具有大学（指大专以上）文化程度的人口为1.197亿人，仅占全国总人口的7.6%，且大多集中在城市，如果将人民陪审员限定在他们之中，会产生系统性偏差，代表性严重不足。截至2017年6月，试点法院的人民陪审员中，高中学历4666人，占比33.3%；高中以下学历785人，占比5.1%。[②]

第二，在选任方式上，从过去主要由组织推荐产生转变为采取“两次随机抽选”，即先“从辖区内的常住居民名单中随机抽选拟任命人民陪审员数五倍以上的人员作为人民陪审员候选人”（第一次抽选），然后从“人民陪审员候选人名单中随机抽选确定人民陪审员人选”（第二次抽选），从而提升陪审员的广泛性

① 详细数据参见国家统计局发布的《2010年第六次全国人口普查主要数据公报（第1号）》，2011年4月28日。

② 本书编写组：《十八大以来新发展新成就》，人民出版社2017年版，第1008页。

和代表性。

要使人民陪审员成为无偏见的公正的事实认定者，就要使尽可能多的普通公民成为潜在的陪审员。过去组织推荐的方式使很多人无法进入候选的视野，被事实上排斥在人民陪审员的制度之外。民主的核心诉求是平等，即所有符合资格的公民都拥有平等参与陪审的权利，无论其地位高低、财富多寡。通过随机抽选方式确定人民陪审员，就意味着每一个符合条件的辖区居民都有平等成为人民陪审员的机会。截至 2017 年 6 月，试点法院新增人民陪审员 11734 人，人民陪审员总数达到 15383 人，为法官员额数的 4.3 倍。其中，基层普通群众 11681 人，占比达 75% 以上。[①]一大批通民情、知民意、接地气的普通群众被选任为人民陪审员，人民陪审员来源更加广泛、结构更加合理。[②]

第三，在参审范围上，适当扩大了参审案件范围，提高了司法公信力。

参审范围意味着哪些案件可以采用人民陪审员，哪些案件必须采用人民陪审员，哪些案件可以不采用人民陪审员，都必须在制度上给出明确界定。针对过去参审范围含糊不清的现状，《人民陪审员法》明确规定“涉及群体利益、公共利益的；人民群众广泛关注或者其他社会影响较大的”刑事、民事、行政案件，原

① 本书编写组：《十八大以来新发展新成就》，人民出版社 2017 年版，第 1008 页。

② 沈德咏：《关于司法民主的几个问题》，《中国应用法学》2017 年第 1 期，第 15—22 页。

则上实行人民陪审制审理。同时，还增加了“根据民事诉讼法、行政诉讼法提起的公益诉讼案件”和“涉及征地拆迁、生态环境保护、食品药品安全，社会影响重大的案件”，将此前含糊不清的“社会影响较大”具体化、明晰化了。从前期 50 家试点法院的情况来看，2016 年人民陪审员参与和审结各类案件 81772 件，其中，刑事案件 11642 件，民事案件 64917 件，行政案件 5213 件。由人民陪审员参与组成大合议庭审结涉及群体利益、社会公共利益等社会影响较大的案件 1624 件。[①] 有的法院运用普通程序审理案件的陪审率甚至达到 100%。[②]

第四，在参审机制上，探索事实审和法律审相分离，细化参审工作流程，提高了参审质量。

《人民陪审员法》明确规定：对于公益诉讼案件和社会影响重大的案件（可能判处十年以上有期徒刑、无期徒刑、死刑的），涉及征地拆迁、生态环境保护、食品药品安全等社会影响重大的案件，由法官三人与人民陪审员四人组成七人合议庭进行审理，人民陪审员“对事实认定，独立发表意见，并与法官共同表决；对法律适用，可以发表意见，但不参加表决”。也就是说，人民陪审员和法官在案件审理过程中是有所分工的，人民陪审员只负责案件事实认定部分，而专业性相对更强的法律适用部分则交由

---

① 本书编写组：《十八大以来新发展新成就》，人民出版社 2017 年版，第 1009 页。

② 沈德咏：《关于司法民主的几个问题》，《中国应用法学》2017 年第 1 期，第 15—22 页。

法官负责。人民陪审员可以对案件的法律适用问题发表意见，但不参与表决。这一新的细化要求表面上看缩小了人民陪审员参审职权，实则通过分工使司法裁决机制更加合理。因为它将人民陪审员的社会阅历、生活经验与法官的专业知识有机结合，在一些社会影响重大、社会舆论关注的案件中，既让社会舆论通过人民陪审员进入司法过程，又不让其干扰法官的专业判断；既让法官根据法律的规定做出合适的裁决，又让裁决更易为大众所接受与认同。

## 三、“用得上”：智慧法院让司法服务更便捷

中共十八届四中全会提出“改革法院案件受理制度，变立案审查制为立案登记制，对人民法院依法应该受理的案件，做到有案必立、有诉必理，保障当事人诉权”。2015 年 5 月 1 日，立案登记制全面实施。

和以往的立案审查制相比，立案登记制大大方便了民众。如涉及物业纠纷、信用卡纠纷、拆迁纠纷等，在实行立案登记制之前，这些案件由于立案难，往往是引导起诉人通过和解或者其他途径解决纠纷，多数未进入审判程序。现在，人民法院一律予以登记立案。

立案登记制的实施也带来了新的挑战。其一，立案登记制使得案件数量大幅上升；而与此同时，在法官员额制改革下法官的

数量却在减少，这就导致了案多人少的问题，法官无力有效处理数量激增的案件。据最高人民法院的工作报告，2018 年各级法院受理案件数量巨大，最高人民法院受理 34794 件，地方法院受理 2800 万件，但全国只有 12.5 万名法官。[①] 平均每人每年需办案 224 件，也就是说，平均 1.6 天就要办理完一件案件，从受理到判决，整个流程都要走完，这个压力实在是太大了。其二，尽管立案的制度障碍消除了，但物理障碍却无法消除。随着市场经济的发展，人员流动性增加，社会交往跨越地域限制，异地当事人之间发生纠纷的越来越多。长途奔袭数百甚至上千公里，只为立案，不仅对于诉讼者本人来讲很不划算，而且对于社会来讲也要浪费大量社会成本。即使在本地，那些山区的农民，可能要花几个小时甚至一两天才能到城里办理立案手续。

这些新的挑战反映出的是司法领域最大的痛点：人民群众日益增长的司法需求与有限的司法资源之间的不匹配，这促使中共加快了司法信息化建设的步伐，着力打造智慧法院。

2016 年 7 月，中共中央办公厅、国务院办公厅印发了《国家信息化发展战略纲要》，将建设智慧法院列入国家信息化发展战略，强调“提高案件受理、审判、执行、监督等各环节信息化水平，推动执法司法信息公开，促进司法公平正义”。2017 年 4 月 20 日，最高人民法院发布了《关于加快建设智慧法院的意见》，致力于打造网络化、阳光化、智能化的智慧法院。2018 年 4 月，

---

① 冼小堤、白龙飞：《智慧法院建设成果令人骄傲》，《人民法院报》2019 年 3 月 15 日，第 11 版。

最高人民法院发布的评价报告和第三方评价报告均显示，全国智慧法院已初步形成。[①]

所谓智慧法院，就是法院依托现代人工智能，以高度信息化方式支持司法审判、诉讼服务和司法管理，实现全业务网上办理、全流程依法公开、全方位智能服务。借助智慧法院系统，电子卷宗随案生成，当事人不用到法院即可实现网上立案；打官司不用来回奔波，凭借一台电脑或一部手机走完诉讼流程；自动向法官推送相似案例，实现裁判的智能评析。

过去，当事人打官司需要多次跑法院，有的还要到外地起诉、应诉，耗费了大量时间、精力和金钱，导致许多人即使遭遇权益受损也不愿通过司法途径讨回公道。现在，有了智慧法院，不仅为当事人提供自助查询案件、自助打印生效证明等便民措施，还能通过自助立案系统，实现数据一处录入、多处多地共享共用。2018 年 1 月 22 日开通的重庆法院网上智能法院“易诉”平台，可以全流程实现网上立案、网上交费、网上视频开庭、网上证据交换与质证等，[②]不仅为当事人节省了大量的时间和精力，而且还可以帮助当事人预测诉讼和调解的时间成本，评估胜诉率、自动履行率。当事人可在线选择调解、公证、仲裁、诉讼纠纷解决途径，平台主动推送办案流程节点，帮助当事人及时了解案件进展。对当事人来说，智慧法院可随时提供贴心的服务。

---

① 张昊：《“智慧法院”像网店一样方便》，《法制日报》2018 年 5 月 2 日。

② 刘洋、殷坤炙、向存丹、杜春秋：《重庆：一个“入口”尽享智慧法院之利》，《人民法院报》2019 年 4 月 29 日，第 8 版。

过去，法官被卷宗缠身，大量的时间花费在各种法律文书的制作上。现在，智慧法院帮助法官脱离卷宗苦海。2017 年，厦门市思明法院首先试点并向全市两级法院推广应用了一套办案智能辅助系统。系统可以自动分析起诉书、一审判决书等前期文书，智能提取当中关键信息，生成每个案件的数据库，一次采集、全案享用，以此为基础一键自动生成各类司法文书，自动计算刑期。制作格式文书也从原耗时近 1 小时缩短至数十秒，极大地提高了工作效率。该系统可生成的文书种类多达 20 种，涵盖刑事审判全流程，确保了各类文书制作的规范和准确。[①] 在甘肃，慧审系统一键操作即可自动生成高度符合案情、结构规范完整的笔录纲要。通过语义分析及数据挖掘等技术自动提取归纳起诉书、答辩状中的关键信息，结合案由及审理程序，辅以语音识别功能，大大减轻了审判人员的工作压力。[②] 与此同时，裁判文书大数据智能分析系统还可以实现对裁判文书中 60 余项要素的智能分析，推进文书智能化纠错，提升了审判效率和公信力。在海南，使用智慧法院后，法官制作裁判文书的时间缩短近 70%，制作程序性法律文书的时间减少近 90%。[③]

智慧法院将法官从繁重的事务性劳动中解放出来，让他们将

① 谭心怡、厦法宣：《厦门两级法院：“智慧法院”渐完善　老百姓打官司更便捷了》，《厦门日报》2018 年 12 月 21 日，第 T04 版。

② 潘静、虎文心：《这里，有家“指尖上的法院”》，《人民法院报》2019 年 5 月 21 日，第 1 版。

③ 朱永、方茜：《部分法院推进量刑规范化智能辅助系统建设座谈会召开》，央广网，2017 年 9 月 26 日。

主要精力放在案件的审理和裁判上。在这方面，智慧法院基于大数据，提供智能评估、判罚分析、案件智检、同判智推等应用场景，为法官办案提供智力支持。

在海南，量刑规范化智能辅助办案系统以人工智能辅助刑事办案，该系统涵盖23个量刑规范化罪名加2个刑种的智能辅助办案，具有智能识别提取犯罪事实和量刑情节，自动推送关联法条和类案，自动依据历史量刑数据推荐量刑，一键生成程序性法律文书和框架性裁判文书，以及多维数据统计等功能。系统还能通过机器深度学习，不断提高提取案件事实情节、推荐法条及类案的准确性，提高裁判文书生成的质量。自2017年4月26日起陆续在海南省15家法院上线试运行，现已在全省法院推广。使用该系统后，法官办理量刑规范化案件的时间减少近50%。①

在重庆，法院开发智能辅助办案平台——“易审”，以电子卷宗随案同步生成和深度应用、智能辅助法官办案为核心，运用机器学习、图文识别、自然语义分析等人工智能，通过案件信息智能识别、回填和应用，庭审智能辅助、关联案例智能推送、智能文书生成、裁判偏离预警等功能，智能化辅助法官办案，最大限度减轻一线办案人员工作量，最大限度缓解“案多人少”矛盾。②

在中国，有一个和西方的Facebook类似的社交媒体——微信，目前中国的微信用户已经达到8亿人，即便是偏远地区或山区的

---

① 朱永、方茜：《部分法院推进量刑规范化智能辅助系统建设座谈会召开》，央广网，2017年9月26日。

② 刘洋、殷坤炙、向存丹、杜春秋：《重庆：一个“入口”尽享智慧法院之利》，《人民法院报》2019年4月29日，第8版。

农民也都在使用微信进行日常沟通。很多地方法院充分利用微信这一通信工具打造指尖上的“微庭审”。

位于甘肃省陇南市最南端的文县碧口镇，与四川、陕西相接，是一个“鸡鸣三省”的重镇，碧口法庭审理的案件中许多当事人都来自省外。随着受案数量逐年攀升，如何充分运用现代信息技术破解工作中面临的送达难、开庭难、执行难，成为重要课题。碧口法庭尝试使用微信等现代通信手段进行送达、开庭、执行等工作。

2017 年，碧口法庭受理了一起机动车交通事故责任纠纷案件，承办法官了解到被告罗某与保险公司均在四川省遂宁市，在依法邮寄送达本案相关诉讼文书后，两名被告通过手机微信提交了本案相关证据材料。鉴于三方当事人对本案事实无争议，承办法官考虑到两名被告参加庭审路程远，在征求三方当事人同意后，建立手机微信群，在微信群里主持了该案的开庭审理，并达成调解协议。

“文县山大沟深、村落分散、人员流动大，一起案件的送达时间往往占整个案件审限的三分之一。”文县法院介绍，碧口法庭利用微信审理案件的创新，方便了诉讼群众，已经在全县法院推广。[①]

其实，借助手机微信等工具来审理案件的不仅仅是文县，全国很多地方都开发了专门的“微法院”App，这已经成为各级法院的标配。只要打开 App，就可以全面了解法院的各项诉讼流程。

① 潘静、虎文心：《这里，有家“指尖上的法院”》，《人民法院报》2019 年 5 月 21 日，第 1 版。

以前老百姓要打官司，必须到就近的人民法庭去咨询，有些偏远的乡村路途十分遥远，现在只要登录App，即可使用庭审公开、失信曝光平台、公告送达、文书模板、诉讼费计算、法院头条等功能。App还面向社会公众、案件当事人、办案法官和书记员，实现类案推送、匹配法条、案件预判、判后答疑、法官沟通、刷脸查案、在线律师等智能便民服务。将司法服务送到每一个人手上，只需动动手指，就能享受到贴心的司法服务。案件诉讼环节可以全程在线完成，法院24小时“不打烊”，让当事人足不出户就可以打官司。

在吉林省珲春市，人民法院地处中朝俄三国交界，虽是基层法院，但涉外案件并不少见。珲春法院设置的中朝俄三语虚拟导诉系统，可供当事人视频互动，跨国案件可利用吉林电子法院的远程视频庭审系统和手机App审理。自2015年6月吉林电子法院开通以来，珲春法院两年多时间里网上立案4939件，使用“云会议”系统审理案件59件。①

全国人大常委会香港基本法委员会委员、香港公开大学校长黄玉山曾到一些地方法院参观，亲身体验之后，他感叹道：“人民法院利用网络审理案件效率很高，成果良好，这不仅在国内是领先的，在世界范围内都是十分先进的。这是令我们非常骄傲的地方。”②

① 张昊：《“智慧法院”像网店一样方便》，《法制日报》2018年5月2日。
② 冼小堤、白龙飞：《智慧法院建设成果令人骄傲》，《人民法院报》2019年3月15日，第11版。

时代之问

# 第五章

# 协商治理：释放『人民当家作主』的活力

2012年，中共在十八大报告中提出“健全社会主义协商民主制度”，并于2015年2月颁布了《关于加强社会主义协商民主建设的意见》。目前，从东到西、从南到北，协商民主遍地开花；从高层到基层、从农村到城市，各种治理创新应接不暇。我们可以随机从中国的不同地域选取几个案例，来看看协商民主如何在中国基层的社会治理中，让人民当家作了主人。

## 一、东海之滨：“这比美国的实践还好”

浙江省温岭市，中国东海之滨的一个地级市。

1999年，以举办“农业农村现代化教育论坛”为契机，温岭市松门镇创造了“与群众双向对话”的民主恳谈，这就是中国基层协商民主的雏形。发端于松门镇的这种民主形式很快扩展到乡镇、村、企业三个层面，进一步延伸到城镇居民社区、基层事业单位、党政机关、群团组织，并从对话型恳谈发展到决策型恳谈。到2002年初，温岭市参加民主恳谈实践的群众达到30万人次，占全市人口的1/4以上，提出的意见建议有1.5万条之多，当场答复的近万条，解决落实的占1/3。[①]

2005年，温岭的民主恳谈实现了升级换代，从土生土长的基层民主形式华丽转身，实现了与国际接轨。而接口是一个只有12万人口的小镇——泽国镇。

这一年，泽国镇有30个需要建设的项目，涉及道路、桥梁、旧城改造、环卫设施、绿化园林等领域，共需资金13692万元，但镇政府可用的城镇建设资金只有4000万元。这4000万元该投在哪些项目上？镇政府决定采用民主恳谈的方式来进行决策。

但与过去几年的民主恳谈不同的是，这次民主恳谈的操作程序发生了很大的变化，它第一次在中国场景中运用协商式民意调查技术。

以往，参加民主恳谈的人主要是由领导指定，或者自愿报名参加，基本上是由镇人大代表、政协委员、各村（居）民委员会主任、相关利益群体代表和有关专家，普通村（居）民很难有机会参与恳谈。这一次，运用随机抽样的方法，按照人口在1000人以上每村（或居委会）4人，1000人以下每村（或居委会）2人的原则，确定代表分配比例。当时全镇每户人家都分到一个号码，如果被抽中，那么这户人家将派出1名年满18周岁的代表参加会议。通过采用乒乓球摇号的随机抽样方式，泽国镇从全镇

① 陈朋：《国家与社会合力互动下的乡村协商民主实践》，上海世纪出版集团2012年版，第83页。

12 万人口中抽选了 275 名代表。[①] 由于抽样本身的科学性，抽样产生的民意代表比通过传统方式产生的代表更具代表性，能够准确地反映社会的结构性特征。

以往，恳谈主要是采取传统的大会会议，领导讲话占据了会议的大部分时间。现在，采取大会交流和小组讨论相结合的形式，既有民主，也有集中。民意代表经过两次小组讨论和两次大会交流，有充分的时间和机会听取其他代表和其他小组的意见，以及专家的分析，并在此过程中对自己的政策偏好进行反思和调整。在小组讨论的设计上，首先是两次随机分组，保证代表能与更多的人进行交流，并防止农村地区家族因素对讨论的干扰。其次，在小组讨论的程序上，分成顺序发言和自由发言两个部分，保证了每位代表平等的参与机会。两次民意调查问卷结果的比较显示，民意代表的看法随着交流的深入而出现较大的改变。事实上，在第二次大会发言时，代表们的观点趋向理性、公正。

以往，专家发挥作用的方式是作为与会者参加会议，直接对预选方案提出意见、建议。现在，专家的参与方式是在会前对预选方案进行可行性研究，提供中立、客观的分析；在恳谈过程中，则以非利益相关者提供客观的分析，为民意代表解疑释惑。[②]

以往，会议都是由乡镇的领导主持，普通村民发言时不免有

① 朱圣明：《民生决策中的公民参与——一个地方乡村治理的新技能与新策略》，《公共管理学报》2017 年第 3 期，第 110—116、128 页。

② 何包钢：《协商民主：理论、方法和实践》，中国社会科学出版社 2008 年版，第 172 页。

所顾虑。现在，建立了专门的主持人制度，从中小学教师中挑选符合要求的主持人，[③] 由中小学教师来主持恳谈会非常中立，有利于参与者各抒己见、畅所欲言。为了提高主持的质量，事先还对主持人进行专门培训，并有目的地进行了现场模拟。“由于主持人不是政府官员，也非政府指定，这样一方面能使主持人保持独立性，另一方面也能使民众毫无顾忌地说出自己的想法”，从而保证了民主恳谈的公正性、公平性。[④]

泽国镇的协商民主，较之以前得到了发展。[⑤]

第一，代表机制的创新。2006 年泽国镇举办城镇建设预选项目协商民主恳谈会，对代表的产生办法进行了改进，由简单随机抽样改为分层抽样，探索建立混合式代表机制。主要按照本地人口和外来人口两个范畴进行抽样。代表的产生分三个层次：一是民意代表的产生，按全镇人口总数的千分之二分配到全镇 97 个村居，抽选出 237 名代表，保证每村都有代表参与。二是参议代表的产生，组织者随机从规模企业中的外来务工人员中抽取代表 12 名。三是人大监督员，由镇人大主席团推荐产生 5 名代表。

2010 年，温岭人又在思考，如何将参与范围的扩大和协商质

③ 在中国其他一些地方的协商民主实践中，主持人往往请高校的研究生来担任，这种做法有利有弊，其中一个重要问题是，研究生不具备地方性知识，常常不能很好地引导讨论。而请当地的中学老师来担任主持人则可以在很大程度上克服这一问题。

④ 何包钢：《协商民主：理论、方法和实践》，中国社会科学出版社 2008 年版，第 118 页。

⑤ 谈火生：《混合式代表机制：中国基层协商的制度创新》，《浙江社会科学》2018 年第 12 期，第 35—42 页。

量的提高有机地结合起来。从参与范围扩大的要求出发，需要建立一种能够将所有受政策影响的成员都包容在内；从协商质量提高的要求出发，又需要专业知识的介入，对政策选项进行可行性论证。前者可以将不同的社会视角和信息带入讨论过程中，后者则可以利用专业知识来提炼相关信息。2010 年 9 月，温岭市人大常委会通过组织推荐与公民自愿报名相结合的办法，组建了预算审查监督参与库和人才库。参与库由人大代表、村民代表、离退休老干部等地方精英组成，人才库主要吸纳比较熟悉财政预算知识的一些专业人员组成，共计 336 人。在以后召开预算民主恳谈会时，都可以从参与库和人才库中随机抽选代表参会。“两库”的建立，体现了参与主体的多元。[①]

2013 年，泽国镇又对代表产生方式进行了进一步改进，民意代表的产生一分为二：其中 70 名按户籍随机抽样产生，30 名从上一年恳谈代表中随机抽取。再从泽国镇预算审查监督参与库中分线抽取 100 名各界代表，产生第三部分恳谈代表。

经过不断的改进，既保证了参与范围的扩大，又保证了参与质量的提高；既保证了新老交替，又保证了代表的连续性。可以说，泽国镇参与式预算民主恳谈的实践，就是一个日臻完善的过程。参与面的扩大对应于“民意代表”，在“民意代表”中既有新代表，又有老代表；政策质量的提高对应于“精英代表”和

① 朱圣明:《参与库与人才库——温岭预算民主恳谈的新元素》,《人大研究》2011 年第 8 期，第 18—26 页。

智库专家。[①] 泽国镇在实践中创造的混合代表机制成为中国基层协商民主实践的一个范本。

尤其值得称道的是，泽国镇虽是中国的一个基层乡镇，却非常前卫地意识到特殊群体的群体代表权问题。

2005 年，泽国镇在制定随机抽样方案时，考虑到抽样的基本单位是“户”，被抽到的“户”要派一个人参加协商，为了体现男女平等，抽样方案同时还规定，如果摇号结果是奇数，由男性代表参加；如果是偶数，则由女性代表参加。尽管进行了控制，但是，实际产生的代表却是男性明显多于女性（67.3%∶32.6%），与人口结构中的性别比例差距较大。2006 年，泽国镇将抽样的基本单位落实到“人”，在全镇所有 18 周岁及以上的选民中随机抽样，基本解决了民意代表的性别比例失衡问题。

同时，作为沿海发达地区，温岭有大量的外来人口，有些乡镇，外来人口比本地人口还要多。以泽国镇为例，本地人口 12 万，外来人口 17 万，这些外来人口常年生活于此，为当地的社会经济发展作出了巨大贡献。从理论上讲，他们的生活工作也会受到当地政策的影响，也应该有机会参与协商。事实上，泽国镇在设计民主恳谈时确实将外来人口的要素考虑进去了。2006 年泽国镇城镇建设预选项目协商民主恳谈会在抽样时，随机从规模企业中的外来员工中抽取代表 12 名，作为参议代表。其后，这一做法作为一项制度被固定下来。

---

① 徐枫：《公民参与公共预算的新技能与新策略——来自温岭市泽国镇参与式预算民主恳谈的案例研究》，《观察与思考》2015 年第 7 期，第 56—59 页。

第二，协商与决策的衔接机制。协商与决策的断裂是困扰西方协商民主理论和实践的一个难题。[①] 泽国镇在这方面作出了探索和突破。

协商与镇党委、镇政府决策过程的衔接。以 2012 年泽国镇举办的关于镇财政预算的民主恳谈为例，在恳谈结束后，镇党委和镇政府采取了一系列措施来保证协商成果对决策的影响。（1）当天，领导预算编制工作组整理好会议记录，将各种意见加以归类，本次恳谈会提出的意见和建议涉及 36 项内容，做前后两次问卷调查的对比分析。（2）2012 年 1 月 16 日，镇政府根据恳谈会的意见和问卷调查的结果，对 2012 年公共财政预算暨重点项目安排提出初步修改意见。（3）2012 年 2 月 3 日，召开镇人大代表财政预算初审民主恳谈会，将政府 2012 年财政预算的修改意见交由人大代表初审。（4）2012 年 2 月 6 日，召开镇党委、人大主席团和镇政府联席会议，再就人大代表财政预算初审民主恳谈提出的相关意见和建议对 2012 年财政预算报告作出最后修改。在联席会议上，镇政府经统筹兼顾、全盘考虑，对本次恳谈会提出的意见和建议其中合理的部分（共 16 项）进行了重新调整，共增减金额 1535 万元。（5）2012 年 2 月 8 日，最后改定的年度预算报告正式提交给镇人民代表大会表决通过。

协商与镇人大的衔接。协商民主作为一种新的治理技术嵌入民主恳谈之后，不仅对群众路线具有一定的激活作用，而且对原

---

① ［南非］毛里西奥·帕瑟琳·登特里维斯主编：《作为公共协商的民主：新的视角》，王英津等译，中央编译出版社 2006 年版，第 79—99 页。

有政治结构中的核心机制——人大制度的激活作用更为明显。泽国镇的协商民主试验中有两个环节与镇人民代表大会相关。第一个环节是，邀请镇人大代表旁听整个讨论过程。第二个环节是，将由抽样产生的代表形成的决议再提交到镇人民代表大会表决。在这个过程中邀请村民代表旁听。这两个环节的设计产生了两个问题，其一，相互旁听的做法极大地强化了人大代表的自我意识。前来旁听的人大代表十分认真，他们感到了很大的压力，“过几天村民代表要旁听我们的讨论，如果到时候我们的讨论还不如一般的村民，怎么还好意思当这个代表？”其二，基层人大的功能得到了激发。按照制度设计，人大具有对政府预算进行审议和监督执行的权力。由于协商民主试验的开展，镇人大在村民代表对镇财政预算进行审议的倒逼之下，能够更好地履行自己的职责。同时，村民代表的协商民主试验也为镇人大的审议提供了模板，使他们知道真正的审议究竟该如何操作。

## 二、西部平原：破解“天下第一难”

四川省成都市金牛区曹家巷，中国西部一个典型的棚户区。

这里的建筑多是中华人民共和国成立初期建的红色砖瓦房，经过半个多世纪的风雨，大多数建筑已经临近或者超过使用寿命，是中心最后的棚户区。经历 2008 年汶川大地震后，这些建筑多已成为危房，因此，这里也是成都最大的旧危房片区。

一家几代居住在十几平方米的小房间，治安乱，安全隐患突出，房屋结构简陋，街道早已成为沿街叫卖的露天菜市场。菜摊、水果摊和肉摊拥挤在一起，满地都是菜叶、果皮。面对糟糕的生活环境，许多居民叫苦不迭。

早在21世纪之初，成都市就决定对这里进行旧城改造。但号称“天下第一难”的拆迁谈何容易，在差不多10年的时间里，尽管住在棚户区的居民一直希望改造搬迁，但这里“人口密度大、房屋产权复杂、涉及单位众多、补偿诉求多元”，一个个开发商来此摸底调查后，一算账便纷纷离去。

但问题终归是问题，回避是回避不了的。2012年，针对成都市城北区域基础设施短缺、市政设施老化等问题，成都市政府正式启动对城北区域的大规模改造工程，曹家巷就在其中。

据金牛区驷马桥街道党工委主要负责同志回忆，拆不动的曹家巷始终是金牛区政府最难啃的“硬骨头”。2012年初，当他接手曹家巷拆迁工作时，他的心里也直打鼓。但一次和曹家巷居民的交流改变了他的看法。居民们主动出谋划策，帮他解决了几个拆迁难题。受此启发，他大胆提出“群众主体、政府主导、单位协同、依法改造”的旧城自治改造思路，曹家巷“居民自治改造委员会”（以下简称“自改委”）由此诞生。[①]

该思路将“群众自治，百姓参与”作为工作方针，将拆迁业主委托、拆迁实施的决定和补偿安置方案等事项均交给群众自己

① 邓益辉：《“群众攻势”消灭“钉子户”》，《民主与法制时报》2014年5月12日，第1版。

来决定，由“自改委”代表全体住户议事、代表全体住户进言，让群众真正成为搬迁改造的决策主体，由居民和政府共同协商拆迁方案、协调方式、补偿方式，实现“改不改由群众说了算”。[①]

2012年3月，“自改委”的选举工作开始。经由社区工作人员进行每户走访调查，选出65名候选人；然后，召开群众大会，以无记名方式选举出13名代表，这是“自改委”的第一批成员。随后，整合区又选举产生8名委员。

“自改委”成员都是曹家巷拆迁区域老居民，大多数都是一家几代人拥挤在狭小的空间里，很多人在此一住就是几十年，这些委员代表如同曹家巷众多居民的缩影：既有棚户区住户代表，又有整合片区住户代表；既有市人大代表，又有普通群众；既有党员同志，又有非党员群众；既有权属单位懂行的原管理干部、业务骨干，又有普通职工。“自改委”的委员们都具备较高威望，群众基础好，组织能力强，有必要的工作时间，对片区整体情况非常熟悉，十分有利于入户摸底调查工作的开展。

“自改委”成立之初，就开始在片区内挨家挨户调查，最终统计出片区共有2885户，这还不包括“一人多户”的情况，但这已与官方统计的数字3756户相比，有了很大的压缩。“自改委”成员都是扎根于曹家巷片区的老街坊，哪里住了谁、住了多久，彼此知根知底。与官方外聘的调查公司相比，“自改委”具有明

① 陈静思、张渝：《“曹家巷自治改造模式”获“中国法治政府奖提名奖”》，《成都日报》2014年11月19日，第7版。

显优势。[①]

“自改委”在项目摸底调查、房屋确权公示、安置方案制订、协议签约等工作环节发挥重要作用，整个改造过程中所有的程序都必须报“自改委”审核，经过“自改委”全体大会同意后，方可实施，这样一来，确保了项目单位在项目运作过程中最大范围倾听民意，最大程度集纳民智，最大限度整合民力。[②]

在拆迁准备阶段，“自改委”主要负责入户摸底调查、住户甄别公示的工作开展。面对签约过程中不断出现的新问题，“自改委”通过组建义务宣传队等方式，采取“让多数群众去做少数群众的工作”的方法，推进居民签约进程，体现了拆迁工作尊重民意的基本原则。

没有分文工资，也不享受任何特殊的安置优惠，作为曹家巷“自改委”成员，一批热心居民无私地投身自治改造工作。他们从群众中来，担当群众利益的代言人，广泛收集群众意愿，及时向党委、政府反映；同时，他们又是政策宣传员，成为做群众工作的重要力量，搭建起党委、政府与群众沟通的桥梁。

2012 年 7 月至 2013 年 2 月，在“自改委”的协助之下，代表金牛区政府和华西集团对片区进行改造而成立的北鑫公司，与绝大多数的危旧棚户区居民进行了多次协商。“自改委”收集到

---

① 邓益辉：《“群众攻势”消灭“钉子户”》，《民主与法制时报》2014 年 5 月 12 日，第 1 版。

② 张渝：《十年难改造到签约百分百　靠什么？——从曹家巷自治改造成功看“北改”工程的群众力量》，《成都日报》2013 年 7 月 20 日，第 1 版。

不少居民不能接受一户补偿48平方米一室一厅房屋方案，希望有两室一厅的户型，及时向金牛区政府和项目公司反映。令大家欣喜的是，项目单位在设计安置方案时充分尊重了群众意愿，通过对平面户型的调整、与规划局的协商，符合政策条件的居民，可以选择58平方米两室一厅的原地安置。

2013年3月，曹家巷开始了签约100天“倒计时”。不到10天，签约率超过50%；到签约第80天时，签约率达到95%，其中曹家巷一、二街棚户区居民的签约率高达97%以上。如果是传统征收拆迁，60%之后就会进入“滞缓”阶段；但在曹家巷，到6月中旬，签约率就达到了99.2%。

曹家巷的项目推进比预期的顺利，主要就是因为有了“自改委”这个抓手。尤其是在前期的调查摸底，几十年都理不清的关系，因为“自改委”的参与理清了。老百姓对每套房屋的归属判定基本上没有大的意见。

在拆迁实施阶段，“自改委”全程参与改造，对上表达群众诉求，对内协调利益关系，对外公开监督。通过“自改委”及时将改造方式、原则、补偿方案、工作流程、住户签约进展等情况公之于众，自始至终让“自改委”代表居民参加有关会议，了解工作所有环节、流程，让居民全程参与、公开监督，打消了“先签吃亏，后签吃糖”的侥幸心理，做到“一把尺子量到底”。

在安置阶段，“自改委”不仅协助政府安排返迁居民的入住生活，还通过再次深入居民家中进行回迁的访问调查，继续作为沟通协调的平台，承担返迁居民的安置事务，出现问题及时解决。

从表面上看，“自改委”只是群众与政府之间起沟通作用的“中间人”，但实际上，“自改委”不仅在政府与群众之间建立了一个缓冲带，缓和了政府和群众之间的矛盾，而且还通过民主决策机制、利益诉求协调机制和互动沟通机制，优化了拆迁安置方案，保障了绝大多数拆迁居民合理的利益诉求，最大限度地解决了部分生活困难群众的切身利益。与此同时，对于个别居民的不合理诉求进行了教育，使得这种情况得到了有效遏制，尊重了少数居民不拆迁的意愿。

2014年4月26日中午，泉水人家二期的广场上，曹家巷的“老街坊”搬迁到此后，按照成都当地风俗，300来人的街坊邻居、亲朋好友吃起了九斗碗的“坝坝宴”。“以前在曹家巷，最怕家里来客人，没地方住，现在来再多的人也不怕。”

## 三、南粤大地：下围村“突围”

广东省增城市石滩镇下围村，中国南海之滨的一个普普通通的村庄，一个曾经远近闻名的“问题村”。在泽国镇尝试协商式民意调查的10年后，这个村庄在没有借助任何外力的情况下，闯出了一条基层协商的新路，成功实现“突围”。下围村的“突围”首先得益于村庄组织的再造。2014年，又是一个选举年，下围村迎来了转机。一股新鲜的血液注入了下围村领导集体的肌体之中，这股新鲜的血液就是新当选的一批年轻人。2014年1月，下围村进行了村“两委”选举。

在选举后的第一次村民代表大会上，村委会就放出头炮——将村里财务公开，这是下围村20年来头一次。[①] 这届村委会的第一件事就是要放权，把权力还给村民代表大会，按照“四个民主”的要求办事，将村民自治落到实处。这也得到了村党支部的支持。

下围村的“突围”更得益于公共空间的构建和规则的重塑。

新班子搭建起来后第一件事，就是重新构建村庄公共空间——建设了一个300多平方米的村民议事大厅。对此，镇里特别支持，专门拨款40万元用于议事大厅的建设。

下围村村民议事厅的空间布局上很有特点。首先，功能分区。300多平方米的村民议事厅分为六个功能区：主持席、代表席、列席席、旁听席、监督席、发言席。主持席位于会场的前方中央，是村“两委”成员的座席；代表席位于会场的后方，是全村69名村民代表的座席；列席席、旁听席和监督席位于会场前方两侧的位置，是村务监督委员会成员和前来旁听的普通村民的座席；发言席位于会场最前方大屏幕的位置。整个布局功能清晰、结构完整。[②]

其次，空间层次。整个会场分为前后两个部分，前低后高，

① 杜若原、贺林平、罗艾桦：《下围村“突围”》，《人民日报》2015年5月8日，第16版。

② 宋超、李书龙、谢苗枫：《增城“问题村”蝶变记》，《南方日报》2015年4月2日，第A14版。

这样的空间布局从视觉效果上将人民当家作主和人民公仆的理念形象地表达出来。同时，两旁的监督席和旁听席也将干部的一言一行置于群众的监督之下。与这一空间布局相匹配的是，在会场后面的墙上张贴着习近平总书记的重要论述：“要坚持用制度管权管事管人，抓紧形成不想腐、不能腐、不敢腐的有效机制，让人民监督权力，让权力在阳光下运行，把权力关进制度的笼子里”。

下围村的议事大厅是非常现代化的，专门配置了电脑、电视、视频监控、电子表决器等设施，会议全过程录音、录像。村民代表会议的整个过程，都通过村庄闭路电视和微信平台同步公开播放，下围村全体村民，包括在外打工经商的村民，都可以随时了解本村民主议事的动态。这样将村庄公共事务的决策过程不仅置于村民监督小组和现场旁听群众的眼皮子底下，而且置于全村村民的眼皮子底下，充分体现了基层治理的公共性，增加了透明度。这不仅对村干部的行为是一种强有力的约束，而且对于与会的村民代表和旁听的普通村民也是一种强有力的约束，因为在一个熟人社会中，“面子”所构成的舆论压力是非常强大的。

通过村庄公共空间的构建，村干部和村民们的行为方式也慢慢发生了变化。过去“两委”闭门决策、自己说了算的情况没有了，所有的公共事务都是大家说了算；过去一开会老少妇孺在会议现场吵闹，甚至躺在地上撒泼，将议事会变成“演武堂”的现象没有了，无论是村民还是村民代表都按照议事规则行事，守规矩、讲文明；过去那种干部与群众形同路人的尴尬没有了，大家齐心协力，为村里的公共事务忙前忙后。[①]

但下围村“突围”最引人注目的还是其规则的重塑。如果说公共空间的构建为“突围”奠定了基础的话，那么，规则的重塑则成为“突围”的突破口。

下围村的村民议事规则并不复杂，却包括了从协商议题产生到协商成果运用的完整链条。和几年前的“南塘十三条”相比，它带有更多的乡土气息。

协商议题的产生。村民代表会议的协商议题一般由村“两委”在充分收集村民利益诉求的基础上提出，也可以由村民代表向村“两委”进行反映，经村“两委”联席会议充分协商后形成。协商议题和相关的方案要提前3天通过村务微信问政平台、村广播站或者村务公开栏等形式向村民公示。这样的设计一方面保证了党对基层社区协商的领导，一方面又充分保证了村民的知情权，使协商建立在充分了解相关信息并深思熟虑的基础之上。

协商密度的增加。下围村平均一个月召开一次村民代表大会，此举打破了《中华人民共和国村民委员会组织法》规定的平均三个月左右召开一次村民代表会议的规定。而且，如果遇到特殊情况，经村“两委”提议，村民代表会议可以随时召开。[②]事实上，下围村的村民代表大会召开的频率远远超过每月一次，仅2014年5—12月，就召开了18次。

---

① 谭秋明、印锐：《“下围村模式”：村民议事新范本》，《广州日报》2015年11月16日，第A1版。

②《石滩镇下围村村民代表议事制度》，广州市民政局网站，2016年1月11日。

绝对多数规则的运用。下围村村民代表会议的有效门槛较高，参会人数必须超过全体村民代表总数的 2/3 以上才算有效；决定村务事项也必须有超过参加会议的村民代表总数的 2/3 以上同意才有效；村民代表会议给予红黄牌警告，也必须有超过参加会议的村民代表总数的 2/3 以上同意才有效。[①] 下围村在做出重大决定时不是采用通常的简单多数规则，而是采用绝对多数规则，这一方面体现了协商民主所要求的审慎精神，另一方面也能使决策的民意基础更加坚实，有利于协商成果的有效落实。仅 2014 年一年，下围村就召开了村民代表大会 18 次，商议议题 38 个，表决通过事项 37 项，否决事项 1 项。表决通过的议题无一受到村民恶意阻挠。[②]

表决机制。“村‘两委’议事时可以提出议案，但不应参与投票表决”，这条由农民自己提出的议事规则就很有意思，它暗合了现代政治学中的“分蛋糕”原理。切蛋糕者不能先拿，这样保证他能将蛋糕切得均匀；要消除权力所具有的无形压力对投票的干扰，保证参与者平等参与的权利。

事实证明，这套在实践中摸索出来的土办法是非常有效的。“村里要做什么事、要用什么钱，全部村民都参与了讨论和表决，大家都认为这样做出的决策是公平公开公正的，所以个个信服，

---

① 《石滩镇下围村村民代表议事制度》，广州市民政局网站，2016 年 1 月 11 日。

② 肖滨、方木欢：《以扩充民主实现乡村“善治”——基于广东省下围村实施村民代表议事制度的研究》，《中共浙江省委党校学报》2016 年第 5 期，第 5—10 页。

人人支持。”闲置20年的村集体经济项目被重新盘活了，2014年，下围村集体经济收入从此前的390万元提升到720万元，村民人均收入增加了800元。[①]

协商，让一个村落实现了由“乱”到“治”的华丽转身。

2015年3月，下围村获得民政部第六批“全国民主法治示范村”表彰；[②] 同年12月，下围村基层治理经验写进广州市“十三五”规划，在广州全市推广。

## 四、北方都市：让阳光社区更“阳光”

阳光社区，北京北五环边上的一个老旧社区，隶属清河街道办事处。

这是一个典型的开放式老旧社区，建于1991年。社区有570多户、1600多人，共有16栋楼。社区属性比较复杂，产权单位100多家，居民有就地上楼的，有其他地方拆迁上楼的，有单位产权住户，有商品房住户，还有租户。对于2015年前社区的治理状况，一位社区成员曾编了一个顺口溜：“小院不大五道口，院内道路院外走；院内放着院外车，院内跑着院外狗；院外用厕建院内，院外垃圾院内丢；十五座楼无踪影，十六号楼来打头；

① 宋超、李书龙、谢苗枫：《增城“问题村”蝶变记》，《南方日报》2015年4月2日，第A14版。

②《司法部、民政部关于表彰第六批“全国民主法治示范村（社区）”的通知》，湖北法治网，2015年3月31日。

阳光社区七大怪，神仙见了也摇头；瞎子烂眼叫没论，聋子害人算没救；半截工程把民害，遗留问题让民愁。”[①]

2014年，事情迎来了转机。中共十八届三中全会提出“创新社会治理体制”，北京市政府邀请清华大学社会学系在北京进行社区治理创新试验，清华大学社会学系就将试验点选在了清河街道，而阳光社区就是第一批被选中的试验社区。

清华大学社会学系将试验点选在清河是有历史渊源的。早在1928—1937年，燕京大学社会学系的杨开道、许仕廉等老一辈社会学家就曾经在清河镇进行乡村建设试验，后因抗战爆发被迫中止，史称“清河试验”；今天，清华大学社会学系再续前缘，致力于城市社区治理创新试验。

和下围村不同的是，清河试验并非自发，而是带有很强的试验干预色彩。清华大学社会学系组建了来自社会学、建筑规划、生态环保、专业社工等方面的跨界专家，直接扎根社区，以全职专业社工身份长期陪伴在社区，首先是发现问题，为改善社区治理把脉。经过一段时间的观察，他们认为，阳光社区的关键问题是社区治理结构的失灵，作为社区主要的治理主体，社区居委会、物业管理公司和居民缺乏合作共治的基础和平台。居委会主任认为居委会是政府的代言人，自己向居民提供公共服务是给居民做好事，但他们忽略了居民的真实需求，这常常让居委会感到很委屈，觉得“吃力还不讨好”，双方互不信任，

① 谈小燕：《老旧社区治理的社会学干预——以“新清河试验”为例》，《北京行政学院学报》2019年第4期，第106—113页。

让治理陷入恶性循环。因此，当务之急是对社区治理结构进行改革，在社区中搭建政府、市场和社会多元主体的协商平台。其中，首要任务是选举居委会议事委员，议事委员属于居委会的一部分，以还原居委会的自治功能。议事委员在社区“两委”的领导下，围绕社区公共事务，公开自由地表达意见，平等理性地协商讨论，努力缩小分歧、促进共识、落实行动，更好地实现公共利益。①

2014年底，阳光社区正式启动了议事委员的选举工作，制定和发布了《阳光社区选举公告》《阳光社区选举办法》等相关文件。担任议事委员的基本条件是：本社区居民，遵守国家的法律、法规，政治素质好，责任心强；品行端正、身体健康，年龄不限；热爱社区公益事业，具有较强的组织、协调、沟通能力；在社区中，具有较高的威望、影响力和广泛的群众基础。议事委员候选人当优先考虑业委会成员、社区公益组织、社团负责人、居住在本小区的（市/区级）人大代表、政协委员；已经成立业委会的社区，业委会成员自动成为议事委员候选人；租户代表有被增选的资格，但需提交承租合同，证明已经在本社区居住半年以上。

通过自荐和他荐，居民代表大会选举产生了10名居委会议事委员。议事委员的工作职责有：了解和征集居民的意愿、诉求和建议，如实、充分和及时地向社区居委会反映；学习相关法律

① 谈小燕：《老旧社区治理的社会学干预——以“新清河实验”为例》，《北京行政学院学报》2019年第4期，第106—113页。

法规和政策，向居民进行宣传解释；遵循公开、平等、理性的原则，对本社区的公共事务进行议事协商，通过充分讨论，争取达成多数共识；组织本楼各楼门业主代表开展议事协商活动；积极配合政府和实施主体召开的听证会、见面会、座谈会等协商沟通工作。议事委员有一定的岗位补贴，由街道财政负担，包括交通补贴、通信补贴等形式，具体补贴标准参照业委会的补贴标准，每次会议每人 30 元。

按照试验的基本思路，改组后的社区居委会应既是“议”的机构，同时也是“行”的机构，新增的议事委员定期开会对社区公共事务进行讨论。讨论的议题是由事前经过居民需求调查确定下来的。

为了保证社区协商议事的有效进行，清华大学课题组协助居委会、物业公司、议事委员，一起确定了每月一次的议事例会和联席会议制度，制定了协商议事规则和议事流程，包括提议、附议、辩论、表决、执行的过程；同时，社会学系还组织老师对议事委员们进行能力培训，培训内容包括问卷调查、访谈、焦点小组、组织居民召开参与式讨论会等。

2015 年 3 月 11 日，第一期“社区服务民主协商讨论会”在阳光北里社区活动室召开。阳光社区党总支、居委会、清华大学课题组共同合作，居委会、社区议事委员、社区代表、楼门长等近 30 人参加了本次讨论。

本次讨论引入了“开放空间技术”。新鲜的组织方式让居民们耳目一新。课题组首先向大家介绍了会议原则，例如，到场的就是最合适的人、两脚法则等，然后宣布会议开始，请每个人用三句话介绍一位现场自己熟悉的居民朋友。

有趣的破冰之后，会议开始，课题组为大家解读了北京市以及海淀区关于公益金使用办法的政策文件，以及关于公益金使用情况的相关调查情况。大家在了解了这笔经费的来龙去脉后，在题目纸上分别写下自己认为公益金应该花在哪里，每人写1—3件事情，共征集到50多个题目。经过与会人员的民主投票，选出了5件居民们认为最迫切需要解决的问题：南里活动室建造，自行车棚建造，北里垃圾楼建设，改善社区绿化环境，文明养犬。然后经过小组协商，形成了5组相应的解决方案。近3个小时下来，大家意犹未尽。最后通过有趣的分糖游戏，让大家理解了“治理”中公开、透明、合作、参与、关注弱势群体、将资源利用最大化的意义。

第一期民主协商讨论会确定社区的绿化环境是居民最为关心和迫切需要解决的问题。阳光社区居委会、课题组于2015年3月17日在北里会议室召开了由社区议事委员、环境设计人员等参加的“阳光社区绿化环境议事会”。课题组请来清华大学环境设计人员，给本社区进行绿化设计。会后由议事委员带领会议人员对小区北里、南里进行了实地考察，并提出合理要求和建议供大家参考。

一周后，课题组人员、清华大学绿化环境设计师、物业公司负责人和北里社区的楼门长召开会议，共同商议北里的绿化改造项目。参会人员到北里社区进行实地考察，在物业的协助下，设计师找出了小区当年建设时候的图纸，开始测量绿地，再次和居民代表讨论和修改方案。在居委会、物业公司和居民代表的共同努力下，阳光北里的社区绿化改造项目顺利开展。4月9日，施工的绿化公司开始进场施工。课题组组织热心居民开展义务植树活动，大家种树之后还分别进行了认领，这就是民主提出、居民自治、居民监督的社区提升过程。

通过5年多的实践，社区治理变了样：街道对社区的决策不再像以前一样“大包大揽”，而是先自下而上了解社区的实际需求和老百姓的诉求，实现公共服务和社区需求的精准对接。居委会原来认为协商是“麻烦事儿”，现在社区分级议事会成为一种习惯。社区居民公共意识开始增强，不仅体现在更加关心自己的社区上，而且还学会了理性表达。根据课题组的调查，居民对街道的满意度由5年前的73%增加到了89%；居民对居委会和物业的满意度分别为93%和86%；当问及“与您经常见面打招呼的邻居有多少？”，样本均值由干预前的3人增加到15人。①

中共十九大报告在回顾过去5年的历程时，称“协商民主全面展开”。2015年，中央出台了《关于加强城乡社区协商的意见》，对于协商的主体、形式和程序等都做出了具体规范。这让基层协商有了具体的“操作指南”，用群众习惯的方式来解决群众身边的问题。东南西北，在中国的各个角落都绽放出绚丽

① 谈小燕：《老旧社区治理的社会学干预——以“新清河实验”为例》，《北京行政学院学报》2019年第4期，第106—113页。

的协商民主之花，中国正按照中共十九大的设计，不断“加强协商民主制度建设，形成完整的制度程序和参与实践，保证人民在日常政治生活中有广泛持续深入参与的权利”，依靠人民，进行新的社会革命。

时代之问

# 第六章

# 平衡也是硬道理

2017 年 11 月 11 日，美国石英财经网刊登了《石英》杂志记者阿克沙特·拉西的一篇文章，称中国之行完全颠覆了他对中国的印象。拉西是印度人，在英国生活了 10 多年，获得牛津大学化学博士学位。

在两周的旅行中，他参观了北京、上海和广州三个大都市。在那里，他发现现实的中国同他在西方媒体中看到、听到的中国完全不一样，中国现代化程度之高完全超出了他的想象。在他的想象中，中国的列车和地铁比印度要先进，但会是同样的混乱。但他看到的是现代、宽敞并配有空调的高铁，地铁、高铁以及上海的磁悬浮列车上都有移动 4G 互联网。他感到，在中国生活，同生活在英国没有什么两样，如果要说有区别的话，那就是中国基础设施要比英国好得多。他感叹道：中国城市的生活质量令人惊讶！这里可以提供全球最为舒适很现代化的生活。

他承认，他的经历仅限于他在中国最大的三个城市的见闻，接触的是收入较高的城里人。即便如此，“这些城市的基础设施都好于我去过的任何一个世界级城市”。

两周时间太短，这个来自印度的小伙子没有来得及亲身感受的是，中国太大，也太不平衡。他去的是北上广，看到了高楼大厦，看到了车水马龙；但是，他没有去习近平待过的梁家河，没有去四川凉山的彝族老乡家，他不知道中国还有人吃不饱饭，还有人喝不到干净的水。就像德国智库墨卡托中国研究中心的副主任比约恩·康拉德所言："在其东海岸光彩照人的城市地区，它是一个发达国家，而在其西部贫困地区，它是一个发展中国家。看星巴克数量或识字率，它是发达国家；看人均医生数量或农业劳动力百分比，它是发展中国家。"

如果中国只有他看到的北上广，他确实可以质疑：中国已经这么发达了，为什么还称自己是发展中国家？如果他去中国的西部走一走、去中国的农村看一看，他可能就能理解，为什么中共十九大会将人民日益增长的美好生活需要和不平衡不充分的发展之间的矛盾作为目前中国社会面临的主要矛盾。在这一章，我们将目光聚焦在其中的城乡发展不平衡和区域发展不平衡上。

## 一、从"城乡二元"到"城乡融合"

法国前总理让－皮埃尔·拉法兰（Jean-Pierre Raffarin）在接受《人民日报》记者采访时，讲述了一桩关于深圳的趣事。作为中国改革开放的第一块"试验田"，深圳在20世纪70年代末与法国夏岱勒罗市大体相当，当时两个城市的常住人口都在3万人左右。深圳欲与夏岱勒罗市结为友好城市，夏岱勒罗市的友城事务谈判官员勒内·蒙诺里考虑到中国的未来发展，建议深圳与当时有 38 万人口的维埃纳省建立友城关系。这应该是蒙诺里所设想的未来深圳的人口规模。40 年过去了，夏岱勒罗居民增至 4.5 万人，深圳人口已经超过 700 万人。拉法兰为此感慨万分：这段友城逸事足以反映出近 40 年来中国发展的神速。[①]

深圳可以说是中国城市发展的缩影，在过去 40 多年中，中国经历了一个快速城市化的过程。但中国的城市和乡村在户籍、就业、社会保障、财政、金融、教育等方面存在明显的二元结构特征，城乡之间的差距有逐渐扩大的趋势，这不仅严重制约了农业和农村的发展，同时也损害了社会公平，不利于社会稳定。也正是在这一背景下，中共十九大在谈到发展的不平衡不充分时强调，“城乡区域发展和收入分配差距依然较大”。

自 1949 年以来，中国的城乡关系经历了一个曲折的发展历程。从新中国成立初期到改革开放前，受国际环境的制约，中国选择了优先发展重工业的赶超型发展战略，并逐步形成了城乡二元结构体制。

改革开放以后，城乡二元结构体制逐渐松动，不仅城乡居民的生活水平都显著提高，城乡居民的收入差距也呈显著缩小态势。城市居民人均可支配收入和农村居民人均纯收入的比例从 1978 年的 2.57∶1 降到 1984 年的 1.84∶1；城乡居民恩格尔系数的差距从 1978 年相差 10.2 个百分点，逐步缩小到 1984 年的 1.2 个百分点。[②]

---

① 李永群、葛文博：《“中国改革开放的 40 年，是艰苦奋斗的 40 年”——访法国前总理拉法兰》，《人民日报》2019 年 1 月 11 日，第 17 版。

② 蓝海涛：《改革开放以来我国城乡二元结构的演变路径》，《经济研究参考》2005 年第 17 期，第 10—16 页。

从1985年开始，随着国家将改革重心由农村转向了城市，各种资源开始大幅度向城市倾斜，城乡差距重新扩大。这一方面表现为城乡经济发展差距的扩大，另一方面表现为城乡居民在教育、医疗卫生、社会保障、文化娱乐等社会发展方面的差距日益扩大。[①]

进入21世纪以来，中国的城乡关系进入新的历史阶段，从过去依靠农业农村输血推动工业和城市的发展，转变为“以工补农，以城带乡”。一方面，通过改革打破城乡二元体制，努力实现城乡融合发展，促进城乡要素平等交换和公共资源均衡配置，形成以工促农、以城带乡、工农互惠、城乡一体的新型工农、城乡关系；一方面，大力推动乡村振兴，改变农村的“空心化”趋势，引导资金、人才等生产要素回流到农村，实现城乡融合发展。

从2002年开始，随着中国加入WTO，开放倒逼改革，改革以全面调整利益关系为重点，缩小城乡发展差距这一问题成为中共需要优先处理的议事日程。中央相继出台了一系列支农、惠农政策和措施，加大了城市支持农村、工业反哺农业的力度，并在中共十六大提出“城乡统筹发展”的新战略，制定以工补农、以城带乡的政策，开始了对“三农”发展的政策倾斜。

2006年，经过长达8年的试点，中国全面取消农业税；同时，中央财政加大了对“三农”的投入力度。2004年农业支出只有2337.63亿元，到2018年达到20781.56亿元，15年间增长了近8.9倍，年平均增长速度达到15.68%。

① 颜华：《我国统筹城乡发展问题研究》，东北农业大学博士学位论文，2005年，第31—32页。

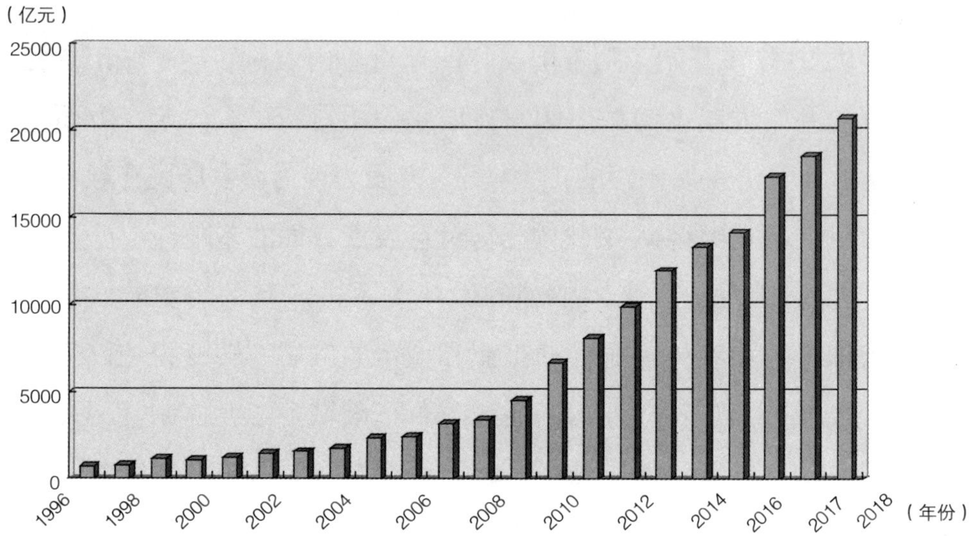


**图 6-1　1996—2018 年中央财政“三农”支出状况** ①

资料来源：根据财政部历年公布数据整理。

伴随中央财政对“三农”投入的增加，农村公共服务状况得到很大改善：

2007 年开始，所有的农村孩子上学都不再交学杂费和书本费；2011 年 10 月，农村义务教育学生营养改善计划启动，中央财政每年拨款 160 多亿元专项资金，为 2600 多万农村学生提供每天 3 元的营养膳食补助；

2008 年，经过 5 年试点，在全国推行新型农村合作医疗，至 2010 年已基本覆盖了所有的农村居民；

2008 年，启动农村贫困户危房改造工程，截至 2016 年，累

① 林万龙：《从城乡分割到城乡一体：中国农村基本公共服务政策变迁 40 年》，《中国农业大学学报（社会科学版）》2018 年第 6 期，第 24—33 页。

计支持 2311 万户农村贫困户进行了危房改造；

2009 年，开展新型农村社会养老保险试点，计划于 2020 年之前基本实现对农村适龄居民的全覆盖，以保障农村居民老年基本生活；

2009 年，加大了农村公共财政支出，达 2693.2 亿元，重点支持中职教育和农村医疗卫生事业；

2011 年，扩大水利尤其是农村农田水利投资，规定将 10% 的土地出让收入投资于农田水利建设；

2013 年，新改建农村公路 139.2 万公里，重点支持“三区三州”深度贫困地区和集中连片特困地区，累计投入 3257 亿元新改建贫困地区农村公路约 78.3 万公里；

2014 年，国家提出新的补贴方式并加大生态保护力度，对生态环境保护进行补贴，对于退耕的农业生产者提供退耕保地补偿，为退牧牧民提供补助；

2015 年，实施电信普遍服务试点，缩小城乡数字鸿沟，中央财政补助 121 亿元，支持 13 万个行政村开展光纤宽带建设和改造升级；截至 2019 年 8 月，借助电商平台快速发展起来的淘宝村 4310 个，其中 20% 分布在中国的贫困县；

2016 年，对贫困人口实行倾斜性医疗保障政策；

2018 年，提出实施乡村振兴战略，建立健全实施乡村振兴战略财政投入保障制度；

……

这些措施取得了明显效果。农民收入呈快速增长态势，

2012—2017 年农民人均收入的实际增长率分别为 9.3%、9.2%、7.5%、6.2% 和 7.3%，均超过城镇居民收入年增长率，且除了 2016 年，其他年份均超过 GDP 增速。与此同时，农村居民家庭恩格尔系数下降明显，2012 年，农村居民家庭恩格尔系数为 39.3%，低于 40%，进入了联合国界定的“富裕阶段”；2017 年，农村居民家庭恩格尔系数降至 31.2%，即将进入小于 30% 的“富足阶段”。[①] 短短 5 年间就降到接近这一阶段的下限值，恰好说明十八大以来城乡一体化取得的巨大成果。如果再对比一下 1978 年的数据，就会发现，在 40 年里，中国农村居民家庭的恩格尔系数从 67.7% 下降到了 31.2%，还不到原来的一半，这不能不说是一个奇迹！

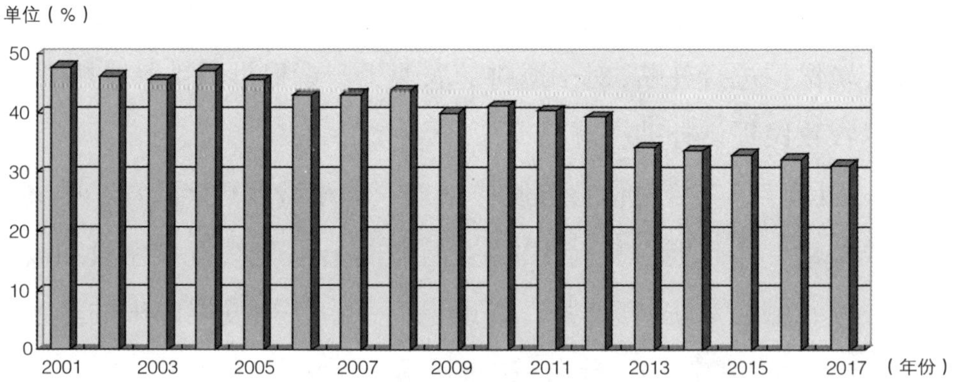


**图 6–2　中国农村家庭恩格尔系数（2001—2017 年）**

资料来源：历年《中国统计年鉴》。

① 按照国际通用标准，恩格尔系数 59% 以上为贫困阶段，50%—59% 为温饱阶段，40%—50% 为小康阶段，30%—40% 为富裕阶段，20%—30% 为富足阶段，20% 以下为极其富裕阶段。

尽管如此，由于城乡二元体制的结构性限制，这些政策大都是以“城乡两个区域、城乡居民两个群体”这一城乡二元思路设计的，由此也导致政策体系仍然是城乡二元而非城乡统筹。以新型农村合作医疗政策为例，尽管它赋予了农民基本医疗保障，但是，保障是以户籍制度为基础的：农户必须在户籍所在地参保，在户籍所在地就诊方可享受医疗补偿，这种“属地”化而非“属人”化的政策设计，事实上将大量在城市就业的农村流动人口排除在了制度的受益范围之外。[①] 而被称为“农民工”的流动人口在中国达到2.87亿之巨。[②] 在这种二元社会福利制度的挤压之下，他们中的大多数在其农民工生命周期结束后都不得不离开城市、返回农村，演变为一种“内卷化”的阶层流动模式。

城乡二元体制的核心是户籍制度，随着户籍制度改革的不断深入，城乡融合发展的动人画卷正在徐徐展开。

十八大以来，中共进一步打破城乡二元结构体制，推进城乡融合发展。其中，一个标志性的措施是国务院于2014年发布的《关于建立统一的城乡居民基本养老保险制度的意见》，决定将新型农村社会养老保险和城镇居民社会养老保险两项制度合并实施，在全国范围内建立统一的城乡居民基本养老保险。这一并轨是中央首次在福利问题上打破户籍制度，消除城乡区别的努力，它矫正了长期以来运行的城乡二元设计思路。到目前为止，全国31个省、自

① 林万龙、曹玫：《新型农村合作医疗制度设计中的城乡与区域分割问题探讨》，《农业经济问题》2012年第5期，第40—46页。

② 2017年，全国农民工总量为2.87亿人。数据见国家统计局网站。

治区和直辖市都已经在社会养老保险制度方面消除了城乡差别。

与之相应的是，城乡一体化的基本医疗保险制度改革和义务教育改革也渐次开展。在此过程中，中共特别注意到了农村流动人口享受公共服务的权益问题，不仅在统筹推进城乡义务教育一体化改革时着重强调改革随迁子女就学机制，加强留守儿童的关爱和保护；① 而且，中共力图通过户籍制度改革，从根子上消除城乡差别。2014 年 7 月，国务院提出要全面放开建制镇和小城市落户限制，有序放开中等城市落户限制。② 这一政策效果明显，中国国家统计局数据显示，2018 年末，全国常住人口城镇化率为 59.58%，户籍人口城镇化率为 43.37%。2019 年 4 月 8 日，中国国家发展改革委对外发布《2019 年新型城镇化建设重点任务》，明确要求积极推动已在城镇就业的农业转移人口落户，继续加大户籍制度改革力度。③

## 二、田园综合体：乡村振兴的理想图景

中国是一个农业大国，农业一直是中共施政的重点。习近平

---

①《国务院关于统筹推进县域内城乡义务教育一体化改革发展的若干意见》，中华人民共和国中央人民政府网站，2016 年 7 月 11 日。

②《国务院关于进一步推进户籍制度改革的意见》，中华人民共和国中央人民政府网站，2014 年 7 月 30 日。

③ 刘少华：《新型城镇化建设加速》，《人民日报（海外版）》2019 年 4 月 20 日，第 2 版。

多次强调：“我国是农业大国，重农固本是安民之基、治国之要”，“中国要强农业必须强，中国要美农村必须美，中国要富农民必须富”。[①] 这可以说是中共历任最高领导人的共识。中共在1982年至1986年连续5年发布以农业、农村和农民为主题的中央一号文件，对农村改革和农业发展做出具体部署。2004年至2019年又连续16年发布以“三农”为主题的中央一号文件，强调了“三农”问题的地位。

如果说20世纪80年代的五个一号文件，重点是解决了农村体制上的阻碍、推动了农村生产力大发展，进而为城市经济体制改革创造物质基础和动力的话，那么，21世纪关于“三农”的中央一号文件，其核心思想则是城市支持农村、工业反哺农业，通过一系列“多予、少取、放活”的政策措施，使农民休养生息，重点在振兴乡村，给农村以优先地位，帮助农民增收，赋予农民以平等权利，给农业更多反哺。

中共十九大提出实施乡村振兴战略，在坚持农业农村优先发展的前提下，提出“产业兴旺、生态宜居、乡风文明、治理有效、生活富裕”的总要求。[②] 对比中共十六届五中全会提出的“生产发展、生活宽裕、乡风文明、村容整洁、管理民主”新农村建设二十字总要求，乡村振兴战略有继承，也有发展。其中，尤其值

① 《习近平在小岗村主持农村改革座谈会》，《人民日报（海外版）》2016年4月29日，第1版。

② 习近平：《决胜全面建成小康社会　夺取新时代中国特色社会主义伟大胜利——在中国共产党第十九次全国代表大会上的讲话》，人民出版社2017年版。

得注意的是中间的三个要求，它意味着乡村振兴早已超越了单纯经济发展的需要，而是在农业发展的基础上，实现乡村治理在政治、社会、文化和生态等方面的整体提升，这与中共“五位一体”的总体发展战略是一致的。把村容整洁升级为生态宜居，就是要维护好人与自然和谐共生，把“绿水青山就是金山银山”理念落实到乡村建设当中；把管理民主升级为治理有效，更加强调民主管理的实质性效果，要以高效的方式为农民提供基本的公共服务；重提乡风文明，意味着乡村振兴必须将文化传统和现代文明有机结合。正如习近平所说：“一定要走符合农村实际的路子，遵循乡村自身发展规律，充分体现农村特点，注意乡土味道，保留乡村风貌，留得住青山绿水，记得住乡愁。”[①] 近年来兴起的田园综合体在这方面进行了有益的尝试。

田园综合体理念的提出是在中共十九大之前，它一方面非常契合十九大提出的乡村振兴的总体要求，另一方面也适应了中国经济自身发展的阶段性需求。截至 2017 年底，全国居民人均可支配收入 25974 元，其中，城镇居民人均可支配收入 36396 元，农村居民人均可支配收入 13432 元。城镇居民的恩格尔系数为 28.6%，农村为 31.2%，二者平均为 29.3%。根据国际通用的标准，中国居民生活整体上进入了“富足”阶段，从而对于食品的质量、安全性和品牌有了更高的要求；闲暇的时间更多了，旅游需求转化为休闲观光；久住在城市的人口在丰衣足食之后有了更高的精

---

① 《坚决打好扶贫开发攻坚战　加快民族地区经济社会发展》，《人民日报》2015 年 1 月 22 日，第 1 版。

神需求，在听音乐、看电影的同时，还多了一份“乡愁”。正是在这种背景下，田园综合体应运而生。

2017 年中央一号文件正式提出大力推广田园综合体模式，5 月，田园综合体建设的试点工作在四川、云南、甘肃等 18 个省展开。

什么是田园综合体？“田园”体现了乡村的基本属性，“综合体”则反映了现代乡村转型与发展的基本趋势和方向。田园综合体建设的关键点在于“综合”，不同于传统的单一农业生产，而是力图实现一、二、三产业融合发展，朝向农业产业、观光旅游、休闲服务、创意开发、养老服务、生态修复、资源循环等多业态、多功能的综合体演进。它不仅要实现产业的兴旺，而且要符合生态宜居的要求，让园区变景区、田园变公园；它不仅是农村居民的家乡，而且是城乡居民共享共融的家园。

在无锡市的阳山镇，全国第一个田园综合体“田园东方”于 2012 年在此落地。“田园东方”利用该地优质的水蜜桃资源，将产业园打造成为当地基础性产业，并通过商业开发，激活清代安阳书院、新渎老街等历史古迹资源。

在黑龙江富锦长安镇，结合地理和生态优势，以稻田文化打造“稻”梦空间。在发展乡村旅游的同时，多样性水稻通过合作社订单种植，同时提供游客采摘体验。

在成都市的红光镇，引进国外管理模式，打造国际乡村旅游度假目的地，实现休闲农业与乡村旅游一体化。作为高端农业综合体，科研人员和农户合作，实现土壤无害化转化和灌溉用水改良，创造健康有机生活方式新体验。

在河南省洛阳市倒盏村，把土地贫瘠的荒沟变成乡村旅游胜地，青砖灰瓦、错落有致的传统豫西农村风格建筑沿着沟底蜿蜒，两三公里长的街道两侧汇聚了琳琅满目的当地传统美食，以及织布、石磨、榨油、铁匠铺、豆腐制作等古朴典雅的手工作坊，并真实再现了打麦场、马场、辘轳井、戏楼、茶廊等传统农耕文明和乡村生活的场景。①

我们看到，田园综合体的核心与基础是农业，以农业为发展平台，农民为参与主体，以大力提升农业附加值为主轴，兼备休闲旅游和文化传播的功能。② 通过田园综合体的建设，乡村实现了产业的兴旺、农民的增收。截至 2018 年 5 月 10 日，无锡“田园东方”旅游接待游客 228 万人次，每逢周末和节假日，村内的别墅群和民宿供不应求，旅游直接收入 11.1 亿元。③ 倒盏村田园综合体项目于 2017 年 10 月 1 日试营业，高峰期日接待游客达到 10 万人以上。2019 年春节期间，从正月初一到十五的 15 天时间，倒盏村田园综合体高峰时段最大客流超过 14 万人。④

最重要的是，田园综合体建设扭转了乡村颓败的趋势，不仅消化了本地的部分劳动力，让他们在本地实现就业；而且让那些

---

① 常力强：《荒沟如何变“胜地”》，《农民日报》2019 年 4 月 2 日，第 8 版。

② 曾盛聪、卞思瑶：《乡村振兴背景下“田园综合体”的政策扩散分析——基于多个经验性案例的考察》，《中国行政管理》2019 年第 2 期，第 60—65 页。

③ 葛云晴、王荣成：《田园综合体导向下的乡村空间重构研究——以无锡阳山镇拾房村为例》，《资源开发与市场》2019 年第 3 期，第 430—433 页。

④ 常力强：《荒沟如何变“胜地”》，《农民日报》2019 年 4 月 2 日，第 8 版。

外出打工一族重新看到了希望，很多年轻人开始回流，在本地创业。只有激活乡村的内生动力，才能给田园综合体的发展注入源源不断的活力。倒盏村田园综合体在项目建设伊始就成立了创客示范基地，在政策上给返乡大学生创业提供倾斜和引导支持，搭建创业平台，目前共有五六十名返乡大学生在园内成功创业。①

田园综合体可以说是乡村振兴的一个理想模型，尽管不是所有的地方都可以搞田园综合体，绝大部分的乡村还是要走常规的发展道路。但无论是田园综合体还是常规发展道路，都需要相应的制度来支撑，其中，农村土地制度改革是一个关键。

2014 年 12 月 2 日，中央全面深化改革领导小组第七次会议审议了《关于农村土地征收、集体经营性建设用地入市、宅基地制度改革试点工作的意见》。随后，农村土地制度三项改革在全国 33 个试点地区进行。三项试点工作的目标是盘活农村土地资源，土地要素盘活了，才能吸引民间资本进入农村，整个乡村振兴就有资金来源；土地资源盘活了，农民才能分享宅基地、集体经营性建设用地的收益；土地资源盘活了，产业振兴有了用地空间，外来人口到乡村创业和生活就有基本保障。可以说，十八大以来的农村土地制度改革为城乡要素自由流动和平等交换创造了一个制度基础，也为田园综合体和其他形式的乡村振兴铺平了道路。

---

① 常力强：《荒沟如何变“胜地”》，《农民日报》2019 年 4 月 2 日，第 8 版。

## 三、对口支援："像石榴籽那样紧紧抱在一起"

改革开放40多年来，中国的对外开放取得了巨大的成就，但对外开放总体呈现东快西慢、海强陆弱格局。东西部经济和社会发展的不平衡，给中国社会的发展带来了巨大的挑战。如何缩小地区间的发展差距，实现包容性增长，这是中国在相当长的一个时期必须直面的历史任务。多年以来，中国政府一直努力通过对口支援机制来促进区域协调发展，取得了巨大效果。

对口支援就是发达地区无偿地给欠发达地区提供人、财、物和智力等方面的帮助和支持，从而促进欠发达地区经济社会发展，缩小地区之间的差距。在中国，对口支援是一项国家战略，由中央统筹规划，早在中华人民共和国成立初期即开始萌芽。20世纪50年代到60年代，国家鼓励内地青年支援新疆、青海、西藏等边疆地区。1979年，全国边防工作会议正式确立对口支援体制，确定了东部发达省（市）对口支援贵州、广西、西藏、新疆等8个边疆地区和民族地区的方案，从此拉开了对西部地区制度化对口支援的序幕。

从实践上来讲，对口支援不限于东部地区对西部地区的支援，它分为五种类型：特殊民族地区全面性对口支援、重大工程实施地区补偿性对口支援、贫困地区发展性对口支援、基本公共服务落后地区专项性对口支援、严重灾害地区应急性对口支援。[①]就促进东西部平衡发展而言，主要指特殊民族地区全面性对口支援和贫困地区发展性对口支援这两种类型，其受援助方基本是重合的。

1996年7月，中共中央确定北京、上海、天津、辽宁、山东、江苏、浙江、福建、广东等9个东部省市和大连、青岛、宁波、深圳4个计划单列市与西部10个省区开展扶贫协作，东西部扶贫协作正式启动。2016年12月，中央对东西部扶贫协作进行了调整，在完善省际结对关系的同时，实现对民族自治州和西部贫困程度深的市州全覆盖。东部9省（直辖市）、13个城市对口帮扶西部10个省（区、市），东部249个经济较发达县（市、区）对口帮扶西部地区354个贫困县。[②]调整后的对口支援关系如下：

**表6–1　东西扶贫协作对口支援关系一览表**

| 支援方 | 受 援 方 |
|---|---|
| 北京市 | 内蒙古自治区、河北省张家口市和保定市 |
| 天津市 | 甘肃省、河北省承德市 |
| 上海市 | 云南省、贵州省遵义市 |
| 大连市 | 贵州省六盘水市 |
| 江苏省 | 陕西省、青海省西宁市和海东市 |

① 李曦辉：《对口支援的分类治理与核心目标》，《区域经济评论》2019年第2期，第45—54页。

② 中办、国办印发《关于进一步加强东西部扶贫协作工作的指导意见》，中华人民共和国中央人民政府网站，2016年12月7日。

续表

| | |
|---|---|
| 苏州市 | 贵州省铜仁市 |
| 浙江省 | 四川省 |
| 杭州市 | 湖北省恩施土家族苗族自治州、贵州省黔东南苗族侗族自治州 |
| 宁波市 | 贵州省黔西南布依族苗族自治州、吉林省延边朝鲜族自治州 |
| 福建省 | 宁夏回族自治区 |
| 福州市 | 甘肃省定西市 |
| 厦门市 | 甘肃省临夏回族自治州 |
| 山东省 | 重庆市 |
| 青岛市 | 贵州省安顺市、甘肃省陇南市 |
| 济南市 | 湖南省湘西土家族苗族自治州 |
| 广东省 | 广西壮族自治区、四川省甘孜藏族自治州 |
| 广州市 | 贵州省黔南布依族苗族自治州和毕节市 |
| 佛山市 | 四川省凉山彝族自治州 |
| 中山市和东莞市 | 云南省昭通市 |
| 珠海市 | 云南省怒江傈僳族自治州 |

对于西藏和新疆，中央另有安排。西藏是新中国成立以来最先实施对口支援的地区，相较于其他地区，对口支援在西藏实施的广度和深度最高。1979 年全国边防工作会议就明确提出“全国支援西藏”。1994 年，中央第三次西藏工作座谈会确立了“分片负责、对口支援、定期轮换”的方针，全国 15 个经济相对发达的内地省市对口支援西藏 7 个地市，中央各部委对口支援西藏自治区各部门。[①] 从此，对口援藏的援助结对已逐渐演变为一种

① 《全国支援西藏》，西藏人民出版社 2002 年版，第 49 页。

长期性和稳定性的关系。全国支援新疆的政策也是始于1979年，完善于2011年的第二次全国援疆工作会议。这次会议之后，共组织19个省市对新疆进行援助，受援范围扩大到12个地州、82个县市和12个师的新疆生产建设兵团。

面对地区间发展的不平衡，中国通过强有力的中央领导，以对口支援的方式，统筹不同地区间的平衡发展，使不同民族、不同地区像石榴籽一样紧紧抱成一团，极大地增强了整个民族的凝聚力。

但是，要真正做到有效的对口支援是很不容易的。中国的对口支援之所以能有效运行，有两个支撑条件必不可少。

其一，强烈的政治共同体意识。这种共同体意识在中国古代表现为“大一统”的思想，在当代则典型地体现在邓小平的“两个大局”的理论和习近平的“石榴”比喻中。

1985年，针对沿海地区经济率先发展起来并从内地吸引了人才和资金的情况，邓小平指出：“我们提倡一部分地区先富裕起来，是为了激励和带动其他地区也富裕起来，并且使先富裕起来的地区帮助落后的地区更好地发展。”[①] 1988年9月，在改革开放10年之际，邓小平以战略家的眼光指出，“沿海地区要加快对外开放，使这个拥有两亿人口的广大地带较快地先发展起来，从而带动内地更好地发展，这是一个事关大局的问题。内地要顾全这个大局。反过来，发展到一定的时候，又要求沿海拿出

① 《邓小平文选》第三卷，人民出版社1993年版，第111页。

更多力量帮助内地发展，这也是个大局。那时沿海也要服从这个大局”。[①] “两个大局”强调的是全国一盘棋，无论是哪个省份，都必须站在全局的层次、站在国家长远利益的角度来思考问题，让部分利益服从于整体利益，只有这样，才能实现中国跨越式的发展。

2017 年，习近平用石榴来比喻中华民族不同部分之间的关系：“像爱护自己的眼睛一样爱护民族团结，像珍视自己的生命一样珍视民族团结，像石榴籽那样紧紧抱在一起。”[②] 石榴作为中国传统文化中的吉祥果，象征着多籽（子）多福，形象地表达了中华民族大家庭统一的特色，它有坚硬紧实的外壳（政治共同体）保护，每一颗脆弱的石榴籽才能免遭外力的破坏；石榴籽“千籽同一、千房共膜”紧紧地抱在一起，才成就了石榴作为“一体”的存在。在这样一个温暖的大家庭中，每一部分都要相互支持、相互帮助，才能共同撑起“中华民族”的天空。

可以说，自先秦时期即已产生的强烈的政治共同体意识，为对口支援的有效运行奠定了坚实的社会文化基础。无论是政府官员还是普通民众，都不愿看到因发展差距过大而潜藏的边疆分裂风险的增加，东部地区对西部地区的对口支援，既具有国家经济社会发展的必要性和道义上的正当性，又具有良好的社会心理基础。

---

① 《邓小平文选》第三卷，人民出版社 1993 年版，第 277—278 页。

② 杜尚泽、赵贝佳：《“像石榴籽那样紧紧抱在一起”》，《人民日报》2017 年 3 月 11 日，第 4 版。

其二，有效的制度安排。中国的地方政府之间的对口支援是一种三方关系，即中央政府、援助双方的地方政府。[①] 而且，援助行为是在中央政府的推动和统一部署下开展的。

我们看到，对口支援制度的产生不是援助双方地方政府之间的自发行为，而是在中央政府的统一部署下诞生的，也是在中央政府的统筹之下运行的，这一特点也体现在 2016 年中央对援藏安排的调整之中。当时进行调整的基本背景是，在过去 20 余年的对口支援中，昌都所获得的援助力度相对较小。据不完全统计，昌都 1994—2015 年人均受援资金为 2645 元，而同时期林芝的人均受援额达到 27374 元。这种巨大的受援力度差距，难免产生新的不平衡。中央在综合考虑各援助省份和中央企业援助实力的差异、受援地获得的援助力度，以及受援地自身发展基础与条件等因素的基础上，决定强化对昌都的援助，以实现受援力度的大体平衡。调整的结果是，福建由对口支援林芝调整为对口支援昌都；同时，资金实力相对雄厚的北京、江苏和广东每年援藏资金的 1/4 用于援助昌都市，以期昌都的受援力度较弱的状况在短期内能获得大幅改善。[②]

而中央要对对口支援进行有效统筹，其前提是中央要有权威。所以邓小平在讲“两个大局”的谈话中，讲完“两个大局”紧接

① 李瑞昌：《界定“中国特点的对口支援”：一种政治性馈赠解释》，《经济社会体制比较》2015 年第 4 期，第 194—204 页。

② 丁忠毅：《国家治理视域下省际对口支援边疆政策的运行机制研究》，《思想战线》2018 年第 4 期，第 76—87 页。

着就特别强调了中央权威："这一切，如果没有中央的权威，就办不到。各顾各，相互打架，相互拆台，统一不起来。"[①] 关键是，中国共产党有这个权威，能够集中力量办大事，这是对口支援能有效运行的制度基础。

40 多年来，中国的对口支援日趋成熟，规模越来越大，制度化程度越来越高，方式也越来越多样：由初期的资金、物资等"硬件"投入到人才、技术等"软件"支持，从"输血型"支援向"造血型"重塑转变。经过 40 多年的对口支援，西部地区的经济社会发展得到了快速提升。以西藏为例，仅 1994 年至 2013 年，对口援藏的资金累计达 260 亿元、项目 7615 个，先后有 18 个省市、17 家中央企业和 66 个中央国家机关共选派 7 批 4496 名干部和 1466 名专业技术人员对口支援西藏的全部 74 个县、市、区和大多数自治区直属部门，为西藏经济社会的全面发展作出了巨大贡献。[②] 从西藏经济总量的增长速度来看，1995—2016 年间，西藏 GDP 以年均 14% 左右的速度增长，明显高于全国 GDP 的平均增长水平，位居全国前列。据估算，固定资产投资对西藏 GDP 增长的贡献率在 40% 以上，这显示了对口援藏对于西藏经济社会发展的重要推动作用。从西藏地区的减贫情况来看，在未正式实施对口支援政策的 1978—1990 年间，西藏的贫困人口下降速度仅为 2.1%，采取对口支援政策以后，贫困人口的年均下降速度

---

① 《邓小平文选》第三卷，人民出版社 1993 年版，第 278 页。

② 刘天亮：《援藏 20 年，翻过米拉山口更向前》，《人民日报》2014 年 8 月 26 日，第 5 版。

提升非常明显（见表6–2），达到26.2%，这表明对口支援对西藏贫困人口下降产生了直接推动作用。[①]

**表 6–2　西藏贫困人口的年均下降速度**

| 年份 | 1978—1990 | 1994—2000 | 2001—2007 | 2011—2014 | 1994—2014 |
|---|---|---|---|---|---|
| 年平均下降速度（%） | 2.1 | 27.4 | 24.5 | 26.7 | 26.2 |

数据来源：根据历年《西藏统计年鉴》及相关数据计算整理。

不仅如此，对口支援还带动了西部地区社会事业的快速提升。以卫生医疗事业的发展为例，对口支援使西部地区贫困县医院的服务能力和管理水平得到了明显提升。自2016年，内地的963家三级医院与西部地区的834个贫困县的1180家县级医院建立“一对一”帮扶，共派出1014名专家支援新疆、西藏。截至2018年底，6万人次三级医院医务人员参与贫困县医院工作，门诊诊疗人次超过3000万，住院手术超过50万台。帮助这些贫困县医院新建临床专科5900个，开展新技术、新项目超过3.8万项，超过400家贫困县医院成为二级甲等医院，30余家贫困县医院达到三级医院医疗服务水平，实现了从“输血式”支援向“造血式”支援转变。[②]

① 王磊：《对口支援政策的减贫成效及优化对策：以对口援藏为例》，《发展研究》2018年第6期，第103—108页。

② 白剑峰：《“一对一”帮扶　“输血”变“造血”——我国卫生健康对口支援综述》，《人民日报》2019年2月14日，第6版。

在这一过程中，中国还充分利用互联网技术，实现了所有国家级贫困县县医院远程医疗全覆盖。例如，上海充分发挥两家医院的龙头作用，开展医疗联合体建设，带动当地县乡村基层医疗卫生机构能力提升。华山医院打造了一个基于互联网的医疗在线平台，支持包括视频会诊、远程诊疗、医疗培训等功能。与之对接的甘肃省人民医院成立了甘肃远程医疗会诊中心，会诊网络已覆盖该省所有（市）县级医院及80%的乡镇卫生院，网络医院总数达1493家。两家医院就借助互联网技术，把华山医院的学科优势延伸到甘肃，为当地百姓提供了“触屏可及”的医疗资源。从2013年起，两家医院开展远程医疗咨询238例、远程病例讨论200多例，节约了当地群众就医成本，方便了当地群众看病就医，让老百姓在家门口就能享受上海优质的医疗服务。[①]

## 四、“一带一路”：内陆腹地变身对外开放新前沿

“一带一路”跨越亚、非、欧三大洲，沿线涉及70多个国家、40多亿人口，经济总量大约21万亿美元，相当于占全球人口的60%，占世界经济总量的30%，是世界上覆盖面积最广、跨度最大的新兴经济带。

---

① 白剑峰：《“一对一”帮扶　“输血”变“造血”——我国卫生健康对口支援综述》，《人民日报》2019年2月14日，第6版。

在古代，丝绸之路作为连接中欧的重要通道，是商旅心驰神往的黄金商路；两千多年后的今天，“一带一路”倡议将亚、欧、非大陆联通起来，不仅为沿线国家带来了合作发展、互利共赢的机遇，更巧妙地实现了中国改革开放布局的空间大挪移，西部地区从内陆腹地一下变成了对外开放的新前沿。

西部地区与越南、老挝、缅甸、塔吉克斯坦、印度、巴基斯坦、尼泊尔、不丹、阿富汗、吉尔吉斯斯坦、哈萨克斯坦、俄罗斯、蒙古等 13 个国家接壤，在“一带一路”的布局中，西部地区是中国与西亚、欧非等地区往来的关键性门户地区，地理位置十分优越。

在过去 40 多年改革开放的历史进程中，中西部地区由于地理位置的局限，一直处于开放的“末梢”，与作为改革开放前沿的东部地区相比，不仅在资源配置、技术进步和信息便捷方面落后一大截，而且，改革开放前积累下来的人才也在市场经济的大潮中出现了“孔雀东南飞”的局面，这使得西部地区的发展变得尤为艰难。

在全球价值链分工下，“一带一路”倡议带来了中国与沿线国家之间资源的优化配置，使中国的对外开放格局发生了重大变化。

2011 年 3 月 19 日，首列中欧班列（重庆—杜伊斯堡，渝新欧国际铁路）成功开行。当时，人们并没有意识到中欧班列开行的历史性意义。2011 年，中欧班列全年开行量仅 17 列；2018 年，中欧班列开行量达 6363 列。成都、郑州、武汉、广州、青岛、厦门、苏州等城市陆续开行了去往欧洲的集装箱班列，到达欧洲

15个国家的40个城市，穿越欧亚腹地主要区域，连接起中欧间近百个城市，形成贯通欧亚大陆的国际贸易大动脉。2015年开始，日本、韩国、越南、泰国等东亚和东南亚国家也开始利用这条大动脉来开展国际贸易。[①] 现在，这条大动脉一头连着欧洲，一头连着中国中东部发达地区，以及东亚、东南亚国家，中国西部地区处于大动脉的中点。

八大中欧班列密集开行，西部地区的对外贸易效率显著提升，西方、北方、南方、海上丝绸之路联动推进，以西部地区为前沿或重点的开放格局正在形成。在向西的方向，陕西、甘肃、宁夏、青海、新疆是新亚欧大陆桥经济走廊的核心地区，新亚欧大陆桥、中国—中亚—西亚、中巴三大经济走廊在此交会，是面向中亚、西亚和欧洲国家的重要交流通道和商贸物流枢纽；在向北的方向，内蒙古是中蒙俄经济走廊的重要组成部分，具有联通俄蒙的区位优势；在向南的方向，贵州、云南、广西拥有与东盟国家陆海相邻的独特优势，是孟中印缅和中国—中南半岛经济走廊的前沿窗口，未来将形成21世纪海上丝绸之路与丝绸之路经济带有机衔接的重要门户。[②] 四川和重庆处于承东启西、连接南北的交通枢纽位置，加上它具有较为雄厚的经济基础和科研实力，是当之无愧的西部“龙头”。

成都现在已成为距离欧洲最近的国家中心城市，到法兰克福

① 《日本横滨货物首次“坐上”中欧班列！》，参考消息网，2019年4月11日。

② 刘世庆、巨栋：《“一带一路”与成渝经济区及中国西部开放开发新探索》，《产业创新研究》2018年第9期，第27—30页。

只需10小时，更拥有16家外国领事机构，仅次于上海和广州，其中9家来自“一带一路”沿线国家。八大中欧班列中，渝新欧、蓉欧快铁已成为运量最大、班次最多的两条线路。自2013年首开以来，蓉欧快铁开行的班列总量、增幅与重载率增幅均居全国首位。最新统计数据显示，在2018年，成都铁路港国际班列开行2619列，其中中欧班列1591列，开行量连续3年稳居全国第一；此外，货运吞吐量达72.7万标箱，位居全国第一。[①] 与此同时，国内国际两张网相互支持，打造以成都为枢纽的互联互通网络格局。国际，除了继续巩固欧洲线路之外，还开通了东盟海铁联运国际班列，经成都—钦州海铁联运辐射到东南亚及中东地区；国内，将货源辐射范围拓展至长三角、珠三角、环渤海等经济发达区域，辐射台湾、港澳地区，以及日韩等国家。公开数据显示，截至2018年底，蓉欧快铁已连接境外24个城市、国内沿海沿边14个城市。[②]

“一带一路”构想带给中国西部地区的绝不仅仅是交通上的枢纽地位以及随之而来的商机，更有与“一带一路”构想相匹配的全球视野。过去，西部地区的发展思路基本局限于国内，作为相对欠发达地区，向东部沿海地区“取经”，承接东部地区的产业转移，曾是广袤的西部地区长期谋求的主要发展路径之一；现

---

① 党鹏：《“蓉欧+”领跑全国　成都构建国际陆海贸易新通道》，《中国经营报》2019年1月28日，第B14版。

② 党鹏：《“蓉欧+”领跑全国　成都构建国际陆海贸易新通道》，《中国经营报》2019年1月28日，第B14版。

在，西部地区的眼睛不仅“向东看”，也要“向西看”，将自身置于“一带一路”的大开放格局中来谋划未来，在全球价值链的分工视角下对自身进行定位。

随着新产业、新业态的快速兴起，西部地区全力摆脱对于传统发展模式的路径依赖，在与全国同步建成小康社会过程中努力实现“弯道超车”。在 2016 年 11 月举办的第 16 届中国西部国际博览会上，作为轮值主席单位的贵州重点推介了三大产业——大数据、大旅游、大生态。贵州这个一向被人们视为落后的省份如今大力发展的是最前卫的业态，要通过数字经济、旅游经济、绿色经济和县域经济，打造贵州省新的投资名片。数据显示，“十二五”期间，中国西部地区 GDP 年均增速达 10.9%，领跑全国。[①]

在“一带一路”构想的推动下，整个中国西部地区的开放程度大大增强，创新意识和创新水平显著提高。

重庆，西部地区的龙头城市，尽管是内陆城市，但其对外开放的程度近年来不断提高，进出口增速飞快，2016 年进出口达到接近 40% 的增长速度，进出口总额超过 400 亿美元，高新技术产品出口额占比均达到 60% 以上，实际利用外资超过 80 亿美元，拥有的世界 500 强企业超过 270 家。[②] 目前，全球笔记本电脑 1/3 重庆造，投资 328 亿元的京东方 8.5 代液晶面板项目也

① 杨迪、许茹、叶含勇：《“一带一路”使中国西部从开放“末梢”变身开放前沿》，新华网。

② 数据来源：2016 年重庆市国民经济和社会发展统计公报。

已投产，多元化终端产品体系基本形成。[①] 截至 2017 年 6 月底，在川落户的世界 500 强企业达 331 家。这让香港美国商会会长约翰惊叹，“我一定要在四川多走走看看，向商会成员、美国朋友分享这里的机遇”。[②]

古丝绸之路起点陕西，正在成为西北内陆对外开放的重要门户。陕西省商务厅数据显示，2017 年，陕西在“一带一路”沿线国家和地区投资额为 8943 万美元，主要涉及能源化工、矿产资源开发、建材等领域。一批企业沿着“一带一路”倡议勾勒的美好蓝图走出国门。[③]

2018 年 10 月，《中国区域科技创新评价报告 2018》在浦江创新论坛上发布。《报告》显示，西南的重庆和四川、西北的陕西已成为西部地区的区域科技创新中心，在区域创新排名中则分别排在全国第 8 位、第 9 位和第 12 位。在高新技术产业化评价上，西部地区多个省份则表现突出，尤其是重庆从 2017 年第 4 位，到 2018 年超越北京、天津、上海，一跃成为榜首。不仅龙头省份如此，龙身、龙尾也表现不俗，西部 12 个地区的科技创新能力近年来整体上稳步提升，而且特色鲜明，如重庆和四川高技术产业发展突出，陕西科教资源丰富，贵州大数据产业蓬勃发展，

---

① 马甜甜、丁晓云：《“一带一路”战略对西部地区经济发展的影响：以重庆市为例》，《农家参谋》2018 年第 11 期，第 254—255、280 页。

② 李欣忆、王眉灵、江芸涵：《从西部内陆走向开放前沿》，《四川日报》2018 年 5 月 21 日。

③ 陈晨、蔡馨逸：《“一带一路”让西部发展更具全球视野》，《中国民族报》2018 年 5 月 25 日，第 2 版。

甘肃加快兰州白银国家自主创新示范区建设，广西技术产出大幅提升，等等，每一个地方都有一张拿得出手的名片。

在“一带一路”倡议下，世界向东、中国向西。处于“一带一路”关键节点的中国西部被赋予了新的开放使命。在中国经济由高速度发展向高质量发展转变的特殊阶段，“一带一路”见证着中国西部的新征程——通过开放与创新，逐步缩小东西部地区发展的不平衡，助力中国经济成功转型。

# 第七章

## 『想群众之所想，急群众之所急』

“蛋糕”做大后，如何将“蛋糕”分好，这是十八大后中共想得最多的问题。就像习近平在2018年新年贺词中所说：“我们伟大的发展成就由人民创造，应该由人民共享。我了解人民群众最关心的就是教育、就业、收入、社保、医疗、养老、居住、环境等方面的事情，大家有许多收获，也有不少操心事、烦心事。我们的民生工作还有不少不如人意的地方，这就要求我们增强使命感和责任感，把为人民造福的事情真正办好办实。各级党委、政府和干部要把老百姓的安危冷暖时刻放在心上，以造福人民为最大政绩，想群众之所想，急群众之所急，让人民生活更加幸福美满。”①

## 一、“让亿万孩子同在蓝天下共享优质教育”

今天，“上学难”的问题已经得到了根本性的缓解，矛盾转变为追求更好的教育。现在中国面临的问题不是要“有学上”，

① 《国家主席习近平发表二〇一八年新年贺词》，《人民日报》2018年1月1日，第1版。

而是要“上好学”。而上好学面临的问题还不是没有好学校可上，而是优质教育资源的分布不均衡。

2014 年，上海信息技术学校的邬宪伟兼任了对口帮扶的云南文山壮族苗族自治州一家中职院校的校长。来到文山后，邬宪伟切实体会到了地区间教育资源上的差距，“跟我们学校比的话，真是一个天上一个地下，他们那里既没有设备，也留不住人才”。一个学生到外地就学，需要卖掉家里的牛才能为他凑足路费。[①]

在四川省达州市村坪村小学，80% 的学生是留守儿童。学校只有三个班级和三名老师，每名老师负责整个班级的所有课程。平均每一个学期，都有老师会离开。每个新学期，孩子们都会问，“我的数学老师去哪里了？”[②]

这一幅幅、一幕幕折射出的是优质教育资源的分布在地区间的不平衡、城乡之间的不平衡、城市内部校际之间的不平衡，以及不同社会群体在享受优质教育资源方面的不平衡。

教育公平是社会公平的重要基础。十八大以来，中共直面教育不均衡带来的挑战，采取了一系列措施，保障不同地区、不同群体都能享受优质的教育资源，让孩子们拥有平等的受教育权利。针对教育资源的地区间发展不平衡，对口支援制度和各种专

① 刘星、卢义杰、欧阳方星：《共享发展，让贫困学生享受优质教育资源》，《中国青年报》2015 年 11 月 6 日，第 1 版。

② 《肩膀计划，让亿万孩子同在蓝天下，共享优质教育》，搜狐网，2018 年 6 月 5 日。

项计划发挥了重要作用，有效提高了西部地区教师队伍的素质；针对城乡不平衡和城市内部校际之间不平衡，发挥优质学校的辐射带动作用、委托管理、教师交流轮岗，缓解了“择校热”等问题；针对家庭困难学生、进城务工人员随迁子女、留守儿童等特殊群体，通过完善资助体系、随迁子女就学保障、留守儿童关爱服务体系建设，逐步让他们从“有学上”向“上好学”转变。截至 2017 年，90% 以上残疾儿童享有受教育机会，80% 以上的外来务工人员随迁子女在流入地公办学校就学。[1]

对口支援让贫困地区的孩子“一个也不落下”。2018 年 8 月 5 日，上海市组团式教育援藏工作队的 55 位援藏教师奔赴西藏日喀则。作为对口支援单位，上海市先后派出了 8 批援藏干部，其中，组团式教育援藏工作队就有 3 批。

如何通过组团式教育援藏，将上海教育经验、教学智慧分享辐射至日喀则边远牧区？西藏山高水远，“远程共享”成了必然选择。在援藏教师、普陀区教育学院信息科技教研员郁龙等一批信息技术人员共同努力下，“1+5+X”沪藏远程教育共享平台顺利建成，实现了沪藏实时互联互通，可以第一时间借助上海市共康中学、各区重点学校名师名课资源，开启跨区域联合教研、名师名家教学“专家会诊”。通过对口支援，上海将自身信息化经验辐射到日喀则，“跨越式”地打造智慧校园，帮助日喀则实现

---

① 中国社会科学院课题组：《改革开放 40 年中国民生发展》，《人民日报》2018 年 12 月 20 日，第 7 版。

了“弯道超车”。

第二批援藏教师、上海第二工业大学附属龚路中学物理教师韩正鹏，在援藏任务结束后选择继续留在雪域。他开发了许多科技课程，引入社团活动，还联系上海地质科普馆，为当地捐赠了价值300万元的标本，打造西藏地区第一个校内地质博物馆，提升当地孩子科学素养。

智慧校园、人工智能、信息化技术，让高海拔地区、偏远牧区以及福利院的孩子们同样享有现代化优质教育资源。由上海援建的日喀则市上海实验学校，2017年、2018年连续两年，学校高考上线率达到历史最高水平，中考成绩在自治区位居前列。①

杨元建是成都市龙泉驿区援藏教师中的一员，2013年8月，已经结束第一期支教的他，申请再到甘孜支教一年。这次，他还带上了同样为骨干教师的妻子朱国琴。在教学实践中，杨元建根据民族地区学生的实际情况，探索出行之有效的课堂结构模式，取得了显著效果。他所带的两个班，期末统测获得甘孜县第一名和第二名的好成绩。

随着对口支援的深入开展，甘孜县教育正在发生巨大的变化。甘孜县二完小的学生从600多人一下子增加到800多人，成了甘孜草地让牧民群众最放心的学校。甘孜县教育局一名负责人自豪地说：“二完小现在可是草地上最好的学校，可以和内地

① 许沁：《雪域高原上打造信息化“智慧校园”》，《解放日报》2018年8月4日，第3版。

小学媲美！”

对口援助甘孜县取得的成绩不是孤例，近些年来，四川省仅在第一轮“十年行动计划”中，成都、绵阳等内地10个市的1568所中小学、省内33所高校以及37个省直部门结对帮扶甘孜、阿坝、凉山三州47个县的中小学校，累计选派近万名支教教师，并培训民族地区教师、校长、教育行政管理干部10万余人次，帮助提高这些地区学校的教育质量和管理水平。①

正是因为有了成千上万像韩正鹏、杨元建一样的支教教师，他们“捧着一颗心来，不带半根草去”，将自己融入条件艰苦的西部地区，才有了中国教育均衡发展的美好未来。

信息化技术放飞教育公平梦想。2015年5月23日，习近平给国际教育信息化大会的贺信中提出，要“通过教育信息化，逐步缩小区域、城乡数字差距，大力促进教育公平，让亿万孩子同在蓝天下共享优质教育、通过知识改变命运”。这些年，中国坚持不懈推进教育信息化，利用移动互联网、人工智能和大数据技术，努力扩大优质教育资源覆盖面。据不完全统计，2017年教育信息化经费已超过2700亿元。2018年4月，教育部发布《教育信息化2.0行动计划》，宣布中国的教育信息化从1.0时代进入2.0时代，从过去的“跟跑”开始走向“领跑”阶段。

---

① 鲁磊：《“让薄弱地区的教育和我们同步”——四川统筹支援教育薄弱地区纪实》，《中国民族教育》2015年第6期，第33—35页。

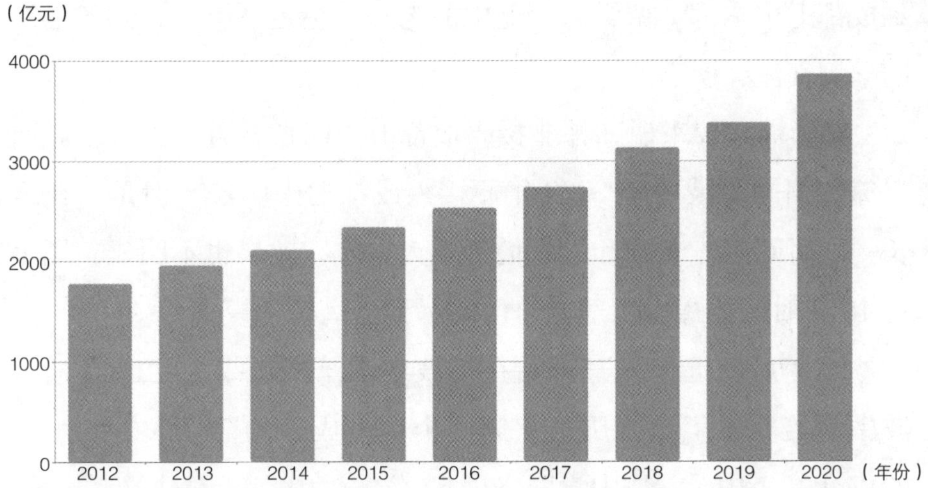


**图 7-1　2012—2020 年中国教育信息化经费投入规模走势图**

在中国的教育信息化建设中，针对老少边穷地区的远程教育建设尤为重要，因为西部地区优质教育资源的匮乏，严重损害了教育公平的理想。

在成都七中网校的网络里，四川、云南、贵州、甘肃四省的240多所中学是其成员。[①] 为了实现多地同堂，成都七中网络班各个科目的备课组长每周都要通过网络，和远端240多所学校的教师同步备课，课堂教学要全程直播，课后则要同步作业、同步考试。

受空间条件限制，通常的远程教育只注重教学。但成都七中网校一直寻求体现德育的功能，例如不定期安排远端学校的同学

① 王晓明：《成都七中网校落地偏远山区　谱写区域优质均衡"教育梦"》，《中国教育信息化》2014年第6期，第24—26页。

到成都七中本部“留学”。七中的老师也会走下屏幕，到各地跟同学们交流、谈心。[①]

对远端学校来说，并非接入成都七中网校就万事大吉了。四川凉山州的雷波中学 2003 年便接入成都七中网校，但是，在很长一段时间内，老师和学生们都不太适应，效果也不明显，用了近 10 年时间才探索出适合自己的远程直播教学模式。

10 年后，远程教育开始在雷波中学结出硕果：2014 年，雷波中学培养出了该县历史上第一个本土成才的清华大学学生；2017 年高考中，雷波中学网络班 53 名学生中，48 人过了一本线，过线率超过 90%，其中 19 人高考分数超过 600 分。

如今，成都七中网校的远程教育模式已经不胫而走，传播到陕西、湖南、河南等省份。

在用信息化技术放飞教育公平梦想的过程中，中国民营企业作出了巨大贡献。

2015 年 6 月 12 日，在中央电化教育馆主办的“两通三平台”建设与应用交流研讨会上，华为与锐取公司为联合推出的在线同步课堂解决方案进行了生动的现场展示，这一方案以视频会议与视频录播技术为核心，旨在推动教育资源的均衡化。录播教室加上视频会议，轻松打造精品录播、主讲教室、听课教室三大价值业务。也就是说，一门优秀的课程，不仅可以给本地学生授课，也可以同步分享给远端教室的同学。另外，还能录制成视频让各

① 闵捷、辛勤：《均衡教育理念的生动实践——成都七中网校和老少边穷地区共享优质教育资源》，《中国青年报》2008 年 4 月 1 日，第 4 版。

地学生随时随地去点播观看，完成学习和复习，从而实现优质教育资源的最大化利用与最有效利用。[①]

2018 年 5 月 17 日，小鱼易连和高思教育共同发起“蓝天下，同课堂——肩膀计划 & 双师课堂”。就在 4 月，小鱼易连带着“云 + 端”的双师课堂解决方案走进了四川省达州市村坪村小学，一堂别开生面的双师课堂在这个乡村小学顺利开课，新奇的设备、远端的老师让孩子们的脸上绽放出灿烂的笑容。

小鱼易连“云 +AI”技术整合优质教育资源，让中国百万优秀教师与千万贫困地区学龄儿童对接。“肩膀计划”所提供的课程，不仅覆盖基础教育阶段语文、数学、英语等主科课程，还将覆盖音乐、美术、心理学、生活常识、科技等多样化课程，在丰富孩子们知识面的同时解决留守学生的心理问题。

值得一提的是，利用 AI 技术可以做到身份识别、行为识别以及课后数据分析。同时融合教育场景需求，实现课前预约、课堂互动、课中管理、课后点播、考评等功能。相比采用直播 + 答题器模式的双师课堂，“肩膀计划”的双师课堂解决方案又向前迈进了一大步。按照规划，“肩膀计划”将在 3 年内完成 900 间双师课堂部署。[②]

前任联合国教科文组织总干事伊琳娜·博科娃（Irina Bokova）高度赞扬中国政府在教育信息化方面的投入，肯定了中

① 《让亿万孩子同在蓝天下共享优质教育》，飞象网，2015 年 6 月 25 日。

② 李争粉:《“云 + AI”技术助力“肩膀计划”预计 3 年完成 900 间双师课堂》，《中国高新技术产业导报》2018 年 5 月 28 日，第 13 版。

国教育信息化取得的成果。[①]

## 二、用中国式办法破解医改这一世界性难题

中国医疗卫生保障体系建设从20世纪90年代中后期起步，经过20多年的改革探索，已建立起全世界最大的全民基本医疗保障网。

1998年由劳动保障部实现医保职能管理归一；2000年以医保为主推进“三医联动”，2001年90%以上的地区实施新的职工基本医疗保险制度；2003—2007年先后开展农村和城镇居民基本医疗保险制度试点并快速覆盖多数地区和城乡居民；2009年新一轮医改启动。

目前，中国医疗保险制度体系基本实现人口全覆盖。截至2017年底，农村新型合作医疗制度、城镇居民基本医疗保险制度和城镇职工基本医疗保险制度等三项基本医保制度参保人数超过13.5亿人，参保率稳固在95%以上，基金规模3.2万亿元（基本医保基金收入1.8万亿元，支出1.4万亿元）。而与此相对应的，中国的卫生总费用超过5万亿元。[②]

为确保城乡居民医疗保险制度有效运行，国家不断加大补

---

① 《异地同堂的“七中”故事》，《瞭望东方周刊》2018年10月25日。

② 陈金甫：《见证感悟医保改革20年》，《中国人力资源社会保障》2018年第7期，第8—9页。

助力度，提高补助水平。城乡居民医疗保险的政府补助标准从2009 年每人每年 80 元增加到 2017 年的 450 元。医疗补助标准及住院费用报销比例不断提升，新农合与城镇居民基本医保的人均医疗补助标准已经提高到 280 元，政策范围内住院所花费用报销比例分别约为 75% 及 70%，为实现人人病有所医提供了制度保障。[③]

开创性地建立城乡居民大病保险制度。大病救助是医疗改革的重点，因病致贫是当下的痛点。2012 年，在基本医保普惠基础上，中国开始试点大病保险，2015 年起在全国推行，截至2017 年，城乡居民大病保险制度覆盖 10.5 亿人。[④] 同时，大病保险的筹资水平也不断提高，对困难群众实行倾斜性支付政策，提升大病保险扶贫济困的精准度。启动农村贫困人口大病专项救治工作，目前已累计救治食管癌、终末期肾病、儿童白血病等大病患者 47.6 万人次，救治率达到 85.6%。[⑤] 2019 年 5 月 10 日，国家医保局发布《关于做好 2019 年城乡居民基本医疗保障工作的通知》，降低并统一大病保险起付线，提升待遇保障水平，政策范围内大病保险报销比例由 50% 提高至 60%，[⑥] 有效缓解了因

③ 中国社会科学院课题组：《改革开放 40 年中国民生发展》，《人民日报》2018 年 12 月 20 日，第 7 版。

④ 孙韧：《普惠兜底助健康指标“一升两降”》，《中国人口报》2018 年 2 月 13 日，第 1 版。

⑤ 孙韧：《普惠兜底助健康指标“一升两降”》，《中国人口报》2018 年 2 月 13 日，第 1 版。

⑥ 李丹青：《城乡居民大病保险报销比例由 50% 提高至 60%》，《工人日报》2019 年 5 月 12 日，第 1 版。

病致贫、因病返贫现象的发生。

针对贫困人口，实施医疗保障倾斜政策。2016 年以来，中国对贫困人口实行倾斜性医疗保障政策，新农合大病保险起付线降低 50%，政策范围内住院费用报销比例提高 5 个百分点以上；对贫困人口采取特殊医疗保障措施，2017 年全国贫困人口医疗费用个人自付比例平均为 16%，比 2016 年下降了 27 个百分点。实施精准脱贫以来，按照大病集中救治一批、慢病签约服务管理一批、重病兜底保障一批的原则，精准施策、分类救治，有效减少了因病致贫、因病返贫人口。到 2017 年，全国已有 581 万因病致贫返贫户实现脱贫。①

优质医疗资源下沉，让老百姓在家门口就能享受专家级医疗服务。习近平多次强调："没有全民健康，就没有全面小康。医疗卫生服务直接关系人民身体健康。要推动医疗卫生工作重心下移、医疗卫生资源下沉，推动城乡基本公共服务均等化，为群众提供安全有效方便价廉的公共卫生和基本医疗服务，真正解决好基层群众看病难、看病贵问题。"②

为了破解这一难题，中国建立了分级诊疗制度，以提高基层医疗服务能力为重点，引导优质医疗资源下沉，逐步形成"基层首诊、双向转诊、急慢分治、上下联动"的制度安排。

---

① 中国社会科学院课题组：《改革开放 40 年中国民生发展》，《人民日报》2018 年 12 月 20 日，第 7 版。

② 霍小光、王骏勇：《主动把握和积极适应经济发展新常态　推动改革开放和现代化建设迈上新台阶》，《人民日报》2014 年 12 月 15 日，第 1 版。

“马教授，最近一直肚胀，胃口也不好。您给看看吧。”2019年8月12日上午8时许，河北省盐务局一名退休职工在老伴陪同下，早早就来到离家不远的裕兴社区卫生服务中心，直接找到正在出诊的马教授。

马教授是河北医科大学第一医院消化科专家。2018年11月，河北医大一院与裕兴社区卫生服务中心建立紧密医疗联合体后，他就成了社区医生队伍的一员，每周一固定在这里出专家门诊。①

自分级诊疗政策制度建立以来，这一幕每天都在中国的各个角落上演。

如今，医联体已成为全国的医改热词。

早在2015年，深圳市罗湖区就将5家区属医院和35家社康中心整合成紧密型唯一法定代表人的法人单位，挂牌成立罗湖医院集团。从整合医疗资源、强化社康中心建设等多环节入手，探索了一条让居民少生病、少住院、少负担、看好病的新型医疗服务模式，得到国务院医改办的“点赞”。②

经过几年的试点，2017年4月，国务院办公厅印发《推进医疗联合体建设和发展的指导意见》，要求破除行政区划、财政投入、医保支付、人事管理等方面的壁垒，全面启动多种形式的医联体建设试点。按照《意见》的要求，全国各大城市的三级大型

---

① 张淑会：《优质医疗资源下沉　更多百姓家门口看病》，《河北日报》2019年8月15日，第3版。

② 李秀婷、曹斯、粤卫信：《家门口有“三级医院”看病找家庭医生》，《南方日报》2017年6月27日，第A05版。

医院全部都要参与医联体建设，并发挥引领作用。通过医联体建设，区域医疗资源得到整合，优质医疗资源得以下沉。

对老百姓来说，不用去大医院，在家门口就能享受到专家级的医疗服务。重心下移和优质医疗资源下沉，既大大缓解了大医院人满为患的状况，也减轻了患者的就医负担。

医联体建设不仅派专家下基层，还要将基层医生请上来，免费给社区卫生服务中心培养人才。与此同时，积极推进基层信息互联互通，开展远程会诊服务等，多途径多形式推进医联体内人才、技术、服务等资源互通共享。

优质医疗资源的下沉不仅是纵向的，还有横向的，由优质医疗资源集中的“高地”下沉到相对匮乏的“洼地”。通过对口支援，中国东部发达地区的优质医疗资源下沉到西部落后地区，带动了西部地区医疗水平的整体提升。

2019 年 4 月 6 日，中国东方航空 MU5245 航班从上海浦东机场直抵新疆喀什，满载着 108 位上海九院医疗集团的医务工作者，他们将在喀什进行为期一周的义诊。

作为上海卫生援疆重点建设单位，坐落于喀什市中心的喀什二院承担着喀什地区 12 个县市及周边 500 万人口的医疗服务重任。在上海各大三甲医院和一批批援疆医生的全力支持下，2015 年喀什二院成功创建为三级甲等医院。尽管如此，能够迎来 100 多人的上海专家队伍坐镇喀什，还是头一回。

上海援疆医疗队领队、喀什二院院长表示，接下来他们还将策划类似活动，希望通过不断组织各路上海专家前来，让上海的优质医疗资源进一步下沉到喀什基层百姓身边。[①]

这只是对口支援带动优质医疗资源下沉的一朵小小的浪花。仅西藏和新疆，就有来自东部地区的889家三级医院对口帮扶所有贫困县1149家县级医院，三级医院向贫困地区县级医院派驻一名院长或副院长，以及至少5名医务人员，蹲点帮扶，重点加强前3年县外转出率前5—10个病种的专科建设，开展门诊625万人次、手术11万台次，将优良的技术、制度和作风“带着泥土移栽”到受援县医院，增强受援医院的“造血”功能，让边远地区的群众在家门口就能和大城市的人一样享受到优质医疗服务。[②]

家庭医生成患者“贴心人”。随着医联体建设的逐步推进，医疗资源将越来越顺畅地在医联体内实现上下联动、优势互补，三级医院逐步减少常见病、多发病、病情稳定的慢性病患者的比例是大势所趋，这部分病人，将由基层医卫机构以及每个人自己的家庭医生接管。让在家门口看病成为群众的“第一选择”，也需要引导居民“首诊在基层”，改变有病就往大医院跑的就医习惯。

2013年，广东开始推行家庭医生服务试点。2016年底，试点工作结束，广东在全省全面开展家庭医生签约服务工作。目前，全省21个地级以上市及顺德区均已全面开展家庭医生签约服务。截至2016年12月，广东省7个公立医院综合改革试点城市，一

① 王星：《喀什盼来了“一百零八将”》，《文汇报》2019年4月12日，第3版。

② 本书编写组：《十八大以来新发展新成就》，人民出版社2017年版，第534页。

般人群签约率已达 14.27%，老年人、慢性病患者、妇幼等重点人群签约率达 38.08%。[①]

广东是全国的一个缩影，家庭医生签约服务制度正在全国各地逐步建立。在实践中，各地探索出不同的家庭医生签约服务模式。例如，上海就形成了“1+1+1”签约服务模式，即居民选择一家社区卫生服务中心、一家区级医疗机构、一家市级医疗机构签约，形成合理组合，加强组合内分工协作，引导其有效利用签约服务。

朱医生从医 20 多年，是上海市闵行区江川路街道高华社区 2000 多名居民的签约家庭医生，管着 13 张家庭病床。除了在卫生中心坐诊，她每周还有一天在高华第二居委会家庭医生工作室看病、代居民取药，其余时间巡视家庭病床，为行动不便的老年慢性病患者上门服务；提醒 60 岁以上老人每年参加免费体检、各类癌症早期筛查，做好高血压、糖尿病、心脑血管疾病等老年人常见病、慢性病的健康管理，精神病、残疾人士、孕产妇等特殊人群的访视……

通过居民日常言行发现异常，早早查出癌症，医生被视为救命恩人；在需要时，医生帮患者预约大医院专家、获得床位，换来一连串谢谢。

大数据时代，上海还在全国率先实现市、区公立医疗卫生机构互联互通和数据共享。市级数据中心已集聚近 100 亿条诊

---

① 李秀婷、曹斯、粤卫信：《家门口有“三级医院”看病找家庭医生》，《南方日报》2017 年 6 月 27 日，第 A05 版。

疗数据，并以平均每天1800多万条的速度增加，健康大数据为社区卫生服务综合改革提供强大支撑。社区卫生服务中心有了“底气”，家庭医生有了资源和平台，才当得起百姓“健康守门人”。[①]

家庭医生签约服务改变了基层医疗服务的模式，将间断性服务转变为连续性、责任式的健康管理，促进了基本医疗服务的落实。如今，在家庭医生签约服务工作开展比较好的地区，城乡居民就诊下沉效果逐步显现，健康管理效益逐步提升，“家庭医生朋友”的概念和“贴心人”服务模式深入人心。

截至2017年5月底，全国已有327个地市开展家庭医生签约服务，建立家庭医生团队27万个，签约超过3.2亿人，人群签约率23.5%，重点人群签约率34.2%。[②]

2017年，国际著名医学期刊《柳叶刀》发布的全球医疗质量和可及性排名结果显示，中国多项主要健康指标已优于中高收入国家平均水平，从1990年至2015年，中国是医疗质量进步幅度最大的国家。随着中国医疗卫生体系的发展和完善，城乡居民健康状况明显改善，实现“两降一升”：婴儿死亡率从1982年的34.7‰，下降到2017年的6.8‰；孕产妇死亡率从1991年的80/10万，下降到2017年的19.6/10万。中国人口平均预期

① 姜泓冰：《家庭医生上门　医疗资源下沉》，《人民日报》2016年8月18日，第2版。

② 本书编写组：《十八大以来新发展新成就》，人民出版社2017年版，第518页。

寿命从1981年的67.8岁上升到2017年的76.7岁，不到40年时间提高了将近10岁。[①]

## 三、“房子是用来住的，不是用来炒的”

“安居乐业”是中国的一个成语，它传递出的一个重要信息是，自古以来，中国人就将居者有其屋作为生活美满、敬业乐群的前提条件。“诗圣”杜甫“安得广厦千万间，大庇天下寒士俱欢颜”的诗句千百年来表达了人民的共同心愿。

十八大以来，中共将住房问题作为民生工程的重中之重。2013年10月29日，中共中央政治局第十次集体学习时，习近平强调：“住房问题既是民生问题也是发展问题，关系千家万户切身利益，关系人民安居乐业，关系经济社会发展全局，关系社会和谐稳定。”[②] 2016年12月，中央经济工作会议首次提出“房子是用来住的，不是用来炒的”住房发展定位。

经过20年的发展，中国的住房矛盾已经从“没房住”转变为解决两类重点人群的居住问题：第一类是新市民，也就是外来务工人员与新就业大学生。这个群体全国近3亿人口；[③] 第二类

---

① 中国社会科学院课题组：《改革开放40年中国民生发展》，《人民日报》2018年12月20日，第7版。

② 《习近平：加快推进住房保障和供应体系建设　不断实现全体人民住有所居的目标》，新华网，2013年10月30日。

③ 国家统计局和教育部的资料显示，2018年全国外来务工人员28836万人，全国高校毕业生820万人。

人群是城乡住房困难群众，特别是中低收入家庭、建档立卡贫困户的住房困难家庭。在新的历史时期，解决住房问题要两条腿走路，既要有市场体系，又要有保障体系。新市民的住房问题主要靠租购并举、加快发展住房租赁市场来解决；困难群众的住房问题则要靠住房保障制度建设来解决。

“租购并举”保障“房住不炒”。中国房地产市场“重售轻租”现象较为突出，这与房价长期持续上涨有关，按揭购买后房屋不断升值刺激了中国人的购房热情。但是，随着中国一线城市的房价越来越高，购房门槛不断提升，相当一部分人在相当长的时间内没有能力购房，从而出现不断增长的租房刚性需求。大力发展租赁市场，成为近年来政府楼市调控的重要内容。

2014 年 3 月，国家发展改革委发布的《国家新型城镇化规划（2014—2020 年）》中首次将“租购并举”纳入中国住房供应体系，提出要大力发展住房租赁市场。2017 年 7 月开始，住建部在 12 个城市开展首批试点。

“租购并举”的含义是在现有的房地产买卖市场外，打造一个租赁市场，通过租赁市场来填补买卖市场的不足和弊端。“租购并举”无疑是让住房回归居住本义，让房地产市场形成稳定健康发展的长效机制中十分关键的一环。

上海市“十三五”时期预计新增各类住房约 170 万套，而其中商品房仅有 45 万套，租赁住房 70 万套，保障性住房 55 万套，这就意味着未来的上海，新增住房将以租赁住房为主。比如，张江科学城规划新增住宅中，超过九成将用于租赁。《北京市

2017—2021年及2017年度住宅用地供应计划》明确，未来5年内全市计划供应租赁住房用地1300公顷。[①]

上海市加快租赁房建设，新建和转化租赁房源10万套，新增代理经租房源9万套，进一步规范住房租赁市场发展。扩大公租房供应、鼓励长租公寓发展及私人房源用于出租等途径以增加租赁住房供给。

各地不断加大新市民公租房保障力度，降低准入门槛，从而改善了大量新就业无房职工和在城市稳定就业的外来务工人员的住房条件。中国住建部推出《住房租赁和销售管理条例（征求意见稿）》，对“房主欺客”“黑中介”“二房东”等行为均提出规范和约束，让租客告别种种烦恼。

广州是中国第一个提出租购同权的城市。2017年7月17日，广州市政府印发《广州市加快发展住房租赁市场工作方案》，允许符合条件的承租人子女就近入学，保障租购同权。无锡、郑州、济南等地纷纷跟进。[②]

从国内房地产市场发展趋势来看，在“租购并举”大背景下，未来的住房市场正在朝三元化方向发展，即商品住房、共有产权住房和租赁住房，以满足不同住房需求群体的居住需求。

2017年，按照住房和城乡建设部统一部署，北京市、上海市、

---

① 王哲：《如何让新市民圆“安居梦”》，《中国报道》2019年第4期，第86—87页。

② 刘一庆：《70年砥砺前行　安居华章焕新彩》，《中国产经新闻》2019年8月2日，第4版。

广东省深圳市、四川省成都市、江苏省淮安市、湖北省黄石市 6 个试点城市，正在积极推进发展共有产权性质政策性商品住房的试点工作。

政府“补好位”，完善住房保障制度。如果说“租购并举”是为了解决住房市场体系发展不平衡的问题的话，那么，完善住房保障体系则是通过发挥政府的兜底作用，着力解决困难群体的住房问题。新的制度直面问题，回归了保障属性，在当下的历史阶段有着特别关键的意义。

在城市，政府补位的重中之重就是棚户区改造。从 2013 年开始，中国国务院连续 3 年专门下发文件，对棚户区改造进行部署，特别是 2015—2017 年 1800 万套 3 年棚改计划，进一步加快了棚改步伐。2017 年 5 月，国务院常务会决定，3 年内再改造各类棚户区 1500 万套。

在各方共同努力下，2013—2016 年，全国共改造各类棚户区住房 2036 万套，4700 多万居民走出阴暗潮湿的棚户区，住进了宽敞明亮的楼房。2017 年 1—6 月，全国共改造棚户区 414 万套。[①]

河南省三门峡市是一个只有 30 万市区人口的小城市。截至 2018 年底，全市开工建设保障性安居工程 147618 套，累计投资 542.93 亿元；建成保障房 81692 套，分配到户 78914 套。中心城区累计建设保障房 49181 套，包括廉租住房 4747 套、经济适用住房 1407 套、公共租赁住房 4442 套、棚户区改造 38585 套。对

① 本书编写组：《十八大以来新发展新成就》，人民出版社 2017 年版，第 323—324 页。

中低收入群体做到了应保尽保，有住房困难的群众实现了居者有其屋。

为了让居者享其安，三门峡市将安居工程的小区选在市政设施配套、交通便捷、环境适宜、生活便利的黄金地段；同步规划建设幼儿园、小学、超市、医务室、健身活动场所等生活服务设施。通过精心的规划、走心的设计，让低收入群体住得有尊严。[①]

在农村，政府补位的重中之重则是农村危房改造。2008—2016 年，中央累计支持 2311 万户农村贫困户改造了危房，相当于全国农户总数的 12%，政策覆盖范围逐步扩大到全国所有省区市，户均补助标准从 5000 元提高到 7500 元，在此基础上，对贫困户再增加 1000 元。农村危房改造使农村困难群众告别了原来的破旧泥草房、土坯房、树皮房等危房，极大地改善了住房条件，提高了抗震性能，较好地保护了农民的生命财产安全。

与此同时，为了保障贫困户基本住房安全，从 2017 年开始，中央财政集中支持建档立卡的贫困户、低保户、农村分散供养特困人员和贫困残疾人家庭 4 类重点对象，补助标准提高到 14000 元 / 户。针对以船为家的渔民，实施上岸工程，2012—2016 年，共帮助 7.1 万户渔民告别“水上漂”，住上了安全舒适的房屋。[②]

在全国第一个农村危房改造试点省份贵州，中央、省级财政

---

① 林欣、姜巍：《三门峡：保障中低收入群体安居的有益探索》，《中国发展观察》2019 年第 3 期，第 115—117 页。

② 本书编写组：《十八大以来新发展新成就》，人民出版社 2017 年版，第 339—340 页。

共投入农村危房改造补助资金 268.2 亿元，带动社会投资近千亿元，让 330 万农户圆了“安居梦”。

为了做到实施对象精准，利用无人机对村落进行航拍，并将每个房屋在图中进行标记，确保排查不漏一户、不漏一人。从申报程序、张榜公示、资金发放到竣工验收，贵州通过严格“一户一档”台账管理，分年度、分类别实施危房改造，严控农房建设面积，确保科学有序推进。

除了实施农村危房改造，2017 年，贵州还提出农村危房改造按照“缺什么补什么”的原则，同步实施改厨、改厕、改圈“三改”，以及老旧住房整治。在抓好质量安全的同时，实现厨卧分离、厕圈分离、人畜分离，有力保障农房居住功能和卫生健康条件，进一步改善了农村人居环境。[①]

① 李唯睿：《330 万农户圆了“安居梦”——贵州农村危房改造观察》，《当代贵州》2019 年第 4 期，第 62—63 页。

# 第八章

# 智慧、便捷、平安：点亮百姓新生活

一名66岁的台商在浙江宁波一家街边面店吃饭，待到结账时，头发花白的店主指着墙角处的二维码，让他“扫一扫”付款，这让他很吃惊。“现在大陆很多比我年纪还大的人，也都会用智能手机线上支付，真是太不可思议了。”

在中国内地，大到商场小到街边摊贩，购买东西使用微信、支付宝已不是什么新鲜事。“到了吃饭时间，打开手机软件下一单，就能‘坐等’外卖送到跟前；指尖点一点就能招来出租车。”

如今的中国，“无线”与“无现”已成为常态。“我现在出门都很少带现金，基本上是带着100元人民币应急。”在大陆做生意已有10余年的一名台商说道：“现在回台湾好像有点不适应了，因为在台湾购物还是使用现金和信用卡比较普遍。而在大陆，即使在路边的一个小摊买瓶水，手机直接‘嘀’一下就好了。”①

其实，当代中国生活质量的提高远不止体现在移动支付上，从“有人”零售到无人超市，从共享单车到共享汽车，从快速延伸的高铁里程到世界上最长的港珠澳大桥，无时无刻不在拓展着

---

① 《在陆台商感叹“回台湾不适应”》，《人民日报（海外版）》2017年2月28日，第4版。

人们的想象空间。

这名台商感叹："智慧因子无处不在，从没想过移动互联对生活的改变可以这么大。"①

## 一、弯道超车的智慧生活

贵州，中国西部一个偏远落后的省份。

5 月，一个原本没有任何特殊意义的月份。

2015 年，这一切都因为一个会议而发生了改变。

这一年 5 月，中国国际大数据产业博览会在贵州省省会贵阳召开。

也是从这一年起，一年一度的"全球大数据盛宴"让贵州的 5 月变得让人期待。"如果大家错过了 30 年前广东、浙江的投资机遇，今天一定不能错过贵州。"因为大数据，贵州实现了弯道超车，史无前例地站到了聚光灯下。大数据改变了贵州人民的生活，让智慧生活在贵州这块试验田里结出了累累硕果。

平均候车时间从 2 小时降低为半小时，客运车辆的实载率从 56% 提升到 80% 以上，道路安全交通事故数量下降了一半。在贵州许多农村地区，一款名为"通村村"的应用软件广受欢迎。打开手机，老百姓就可以享受包车、定制班车、查询公交等在线

① 《在陆台商感叹"回台湾不适应"》，《人民日报（海外版）》2017 年 2 月 28 日，第 4 版。

服务。智能化生活“飞入寻常百姓家”，这是大数据在贵州落地生根的生动写照。

作为全国首个国家大数据综合试验区，贵州围绕大数据政用、民用、商用三大领域，积极推动大数据的创新应用，推动大数据与实体经济、乡村振兴、民生服务、社会治理四个方面的深度融合，以大数据赋能做好高质量发展文章。

工业结构单一，煤、电、烟、酒四大传统产业占工业比重达60%，要摆脱过去的路径依赖，贵州把大数据作为后发赶超的路径选择。依托“千企改造”“万企融合”行动，贵州引导企业实施全流程和全产业链智能化改造，加快传统工业产业改造升级，促进新兴产业蓬勃发展。2018 年贵州经济增速连续两年位居全国第一、连续 8 年居全国前列。

同时，贵州加快大数据在教育、医疗、旅游、交通等领域的运用：建立“精准扶贫大数据支撑平台”，打通扶贫、教育等部门数据，实现对建档立卡贫困家庭学生精准识别、精准帮扶；在全国率先建成覆盖省市县乡公立医疗机构的远程医疗服务体系，2018 年全省远程医疗开展会诊服务 23.6 万例；建成全国第一个省级政府数据集聚、共享、开放平台“云上贵州”，通过全省“一张网”，基本实现一张网办全省事，方便群众办事。①

借助大数据，中国实现了弯道超车，史无前例地站到了世界发展潮流的最前沿。

---

① 万秀斌、程焕：《加强交流合作　共创智慧生活》，《人民日报》2019 年 5 月 26 日，第 7 版。

2018 年 5 月 15 日，中国首个城市数据大脑规划——《杭州城市数据大脑规划》发布，明确了未来 5 年杭州城市数据大脑建设方向。杭州也成为全国第一个采用城市数据大脑模式，通过政府数据和社会公共数据的共同融合来治理的城市。

以交通为例，试点路段的摄像头都改装成了智能摄像头，通过视频分析，实时掌握各个交叉路口的车流量，并根据数据分析自动切换和调整信号灯时间，让主城区高峰期间的平均行车速度提升了 15%，拥堵时间下降了近一成；[①] 杭州市城管委与微信“城市服务”平台开展合作，通过微信就可查询到周边停车泊位服务点信息，找车位不需要再兜圈子；在装了智能摄像头之后，能够迅速识别事故的类别，并及时推送相关信息到交警随身的 PAD 上。也就是说，双方司机还没下车，交警已经获知事故原因，并赶赴现场了。

消防系统的“指尖战勤”更是让大数据成为“战斗员”。轻点手指，最优出警线路便可在手机上实现一键导航，同时周边的水源位置及救援力量部署也能实时掌握。对老百姓来说，用得最多的是“安防星摇一摇”导航及逃生指引。有了这个室内定位系统，当用户遇到危险或警情时，只需用手机微信摇一摇，就可获得最佳逃生路径。[②]

① 刘峣：《智慧社会开启便利生活》，《人民日报（海外版）》2017 年 11 月 24 日，第 8 版。

② 陈婕：《杭州：“智慧城市”正悄然走来》，《人民日报（海外版）》2018 年 5 月 21 日，第 8 版。

杭州的“人脸支付”也走在了前列。全球首家人脸支付肯德基概念餐厅于2017年9月落户杭州，这也是刷脸支付这项新技术在全球范围内的首次商业应用。

在阿里巴巴蚂蚁金服办公区，有一家很有特色的无人体验店。顾客在入口处使用支付宝扫描二维码即可进店，在店内可以随意挑选商品，如果想了解一款商品的详情，可以把它放在“交互货架”上，墙上的LED屏幕会立刻显示相应的信息。在结账时，顾客只需要将商品放入一个装有传感器的盒子内，等识别完成后即可离开，支付宝会自动进行扣款。虽然店内没有导购员和收银员，但购买的体验却非常便利和自在。①

2018年11月，第二十届中国国际高新技术成果交易会（以下简称“高交会”）在深圳举行，华为以“新ICT（信息通信技术），打造城市智能体”为主题搭建全新智慧展区。络绎不绝的人群纷纷体验着智能政务、医疗、交通、教育、办公等给生活带来的便利。

起床——“晨起的健康数据很重要，怎么记录？”在华为展台中的“居民健康+AI”展岛，参观者可通过测试心率、血压等数据，根据生成的个人健康档案报告了解自身健康情况；同时，医疗大数据将对健康状况进行分析并给予合理建议，指导一天的生活。

上班——“还是那么拥堵吗？”在“城市交通智能体”展岛，参观者看到，基于华为云的交通智能体实现了路口交通灯智能控

---

① 陈婕：《杭州：“智慧城市”正悄然走来》，《人民日报（海外版）》2018年5月21日，第8版。

制，优化后主干道路平均路口等待时间减少 17.7%，早上可以多睡 10 分钟再出门了。

办事——“还需要来回跑多个政府部门吗？”在“政府服务 +AI”展岛，参观者通过虚拟“市民卡”，系统自动调出电子档案，免去了繁杂的交证、填表等工作，“刷脸”即可直接办理业务。

上学——“还是枯燥的死记硬背吗？”在“教育 +AI”展岛，通过 VR 互动教学系统，让学习天文知识变为漫步星空的奇幻体验，让了解海洋科普变为深海水下世界的畅游。

在 2017 年，华为参与了北京、深圳、桂林、益阳、高青等 48 个智慧城市项目，与 80 个城市签署了战略合作，正在将展区的体验变成活生生的现实。[①]

在北京世园会园区，路旁垃圾桶的盖子下安装了小探头。工作人员介绍说：“这个应用 NB-IoT（注：窄带物联网）技术的模块可以随时监测垃圾桶中垃圾位置，当垃圾装满时，信息可以传输到控制中心，提高了垃圾清理效率。”据悉，中国电信在园区内 900 余个垃圾桶部署了 1800 余个智能垃圾桶设备。

与普通路灯不同，中国电信在园区重要路段安装了智慧路灯，路灯的开关状态、亮度、实时电压、能耗等数据可以上传至园区管理平台，实现实时监测，还可以根据自然光强弱与景观照明需要进行亮灯的策略配置，减少能源消耗。园区内的智能井盖被移开时，终端会收到实时报警，便于及时抢修，

① 李翔、刘书文：《让城市成为智慧有机体》，《人民日报》2018 年 11 月 28 日，第 16 版。

避免游客跌入发生危险。

中国电信北京公司的“智慧世园”项目，为世园会提供了空气监测、智慧消防、智能环卫、智慧照明、智慧电瓶车、智慧井盖等六大物联应用服务，为人们带来万物互联的全新体验。5G技术在世园会的初步应用为智慧城市的未来勾勒了雏形。[①]

在中国，进行智慧城市建设的不仅是北京、上海、杭州、深圳这样的现代化大都市和绝大多数的地级市，据不完全统计，全国24.5%的县级市正在开展智慧城市建设，在山东省，45%的县级城市都提出了建设智慧城市的规划目标。[②]当智慧城市在世界其他地方还寥若晨星时，中国已经遍地开花。除环渤海、长三角和珠三角三大经济区外，成渝经济圈、武汉城市群、鄱阳湖生态经济区、关中—天水经济圈等中西部地区的智慧城市建设均呈现出良好发展态势。智慧城市管理、智能交通、智慧安防、智慧社区、智慧医疗等成为智慧城市发展的重点方向。

陕西省延安市，美国记者埃德加·斯诺在《西行漫记》中曾将这里描述为“我在中国见到的最贫困的地区之一”，2019年5月延安市的宜川县刚刚摘掉贫困县的帽子。在延安市宝塔区，有一个“融指中心”，它将城市治理的资源进行高度融合，为城市治理提供了全方位、多角度的权威信息，实现城市的“智

---

① 张鹏禹：《5G生活，离咱们真的近了》，《人民日报（海外版）》2019年5月10日，第10版。

② 陈才：《县域新型智慧城市建设态势与发展建议》，《中国信息界》2019年第8期，第74—77页。

慧治理”。

2019 年宝塔区上线了全民城管微信小程序，市民只要扫码安装、拍照上传，“融指中心”就可以立案审核、处置回复。市民还可以通过“直通车”视频连线现场投诉。截至 2019 年 9 月，安装小程序的人数达 28 万人，每天点击量 5500 人左右，累计上报案件 10859 件，符合立案 8313 件，已处置案件 7514 件，平均每天投诉 43 件，满意度达到 95% 以上。尽管全民城管微信红包奖励钱数不多，仅 1—5 元，但极大鼓励了群众随手拍、随手传，通过视频投诉举报，实现了与政府零距离融合，使城管部门解决问题的效率大幅提高，通过全民城管微信小程序实现了城市的“众管”。[①]

## 二、高铁：跑出中国速度

2003 年，中国走上“坚持引进先进技术与自主创新紧密结合”的高铁研发之路，仅用 5 年就迈入高铁时代。

2008 年，中国第一条高铁京津城际开通运营。至 2018 年末，中国高铁营业总里程达 3 万公里，是世界高铁总里程的 2/3，居全球首位。[②]

---

① 张姣姣：《延安宝塔区：“融指中心”开启智慧城市新时代》，《各界导报》2019 年 9 月 19 日，第 3 版。

② 王庆凯：《“高铁速度”改写中国经济版图》，中国新闻网，2019 年 9 月 13 日。

如今，中国高铁连线成网，“四纵四横”的高铁网建成运营，让中国成为世界上唯一高铁成网运行的国家。即使在较为落后的西部地区，也建成了兰新高铁、贵广高铁和南广高铁，将新疆、青海、甘肃、广西等地与内地紧密串联起来。

15年，中国铁路实现了从追赶者到领跑者的华丽转身。经过十几年的经验积累，中国已经完全有能力设计制造出满足国情需求的“纯中国血统”高速动车组。

2012年，中国标准动车组——“复兴号”正式启动研发。为适应中国地域广阔、温度横跨正负40摄氏度、长距离、高强度等运行需求，“复兴号”在多种工况下进行了60万公里运用考核，比欧洲标准还要严格。最终，“复兴号”的设计寿命达30年，较“和谐号”提高了50%；列车在时速350公里下运行，人均百公里能耗比既有CRH380系列明显下降。①

2016年7月15日，“复兴号”以超过420公里的时速在郑徐高铁上交会，创造了高铁列车交会速度的世界新纪录。京沪线贯穿四省三市，人口占全国的1/4，GDP占全国的40%，“复兴号”用四个半小时就能跑完。

2017年，一篇“姜京子跨省上班记”的报道引起网民关注，家住河北省沧州市的姜京子为了能和家人团聚，每天往返北京与河北之间上下班，总距离超400公里。这在以前，想都不敢想。②

---

① 陆娅楠、韩鑫：《复兴号　唱响创新强音》，《人民日报》2019年8月25日，第1版。

② 王庆凯：《“高铁速度”改写中国经济版图》，中国新闻网，2019年9月13日。

最安全、最舒适，一点也不夸张！动车以时速350公里运行，旅客的感觉却是平稳如常，甚至在车内立一枚硬币都不会倒。

尽管中国在高铁建设方面所取得的成绩很耀眼，但高铁并不是中国交通领域唯一的名片。

2012年4月28日，被称为“云端上的高速”——雅西高速全线通车。雅西高速从四川雅安到凉山彝族自治州首府西昌，全长240公里，宛如藏在群山中的一条巨龙，盘旋在崇山峻岭之中。雅西高速由四川盆地边缘向横断山区高地爬升，穿越中国大西南地质灾害频发的深山峡谷地区，途经十几条地震断裂带，地形条件极其险峻，地质结构极其复杂，被国内外专家学者公认为国内乃至全世界自然环境最恶劣、工程难度最大、科技含量最高的山区高速公路之一。其标志性工程干海子特大桥，全长18.11公里，桥宽24.5米，共36跨，获得了四个全球第一：全球最长的钢管桁架梁公路桥，全球最高的混合桥墩，全球桥梁同类结构中每联最长的连续结构，全球第一个全部采用钢纤维混凝土施工的特大桥。雅西高速，就是一条由桥和隧道组成的高速公路，几乎没有建在地上的路，桥隧比达到了55%，有隧道25座，有桥梁270座，其中，特大桥23座、大桥168座，在这条路上飞驰，你会体会“皆若空游无所依”的奇妙感受。放眼世界，这样难度、这种规模的公路也只有中国能建了。

2017年9月24日，全世界海拔最高的高速公路隧道——青海花久高速公路雪山一号隧道建成通车。位于青海省果洛藏族自治州玛沁县的雪山一号隧道，双洞总长9065米，平均海拔超过

4400 米，施工最高海拔达 4800 多米，是目前世界上海拔最高、施工环境最恶劣的高速公路隧道。隧道地处高寒缺氧区，空气中的氧含量仅为平原地区的 60%；生态环境极其脆弱，地理环境和气候条件极为特殊，年平均气温零下 4 摄氏度，最低气温零下 40 摄氏度。更重要的是，隧道进口要通过冰川堆积物的多年冻土层，由于冻土极易产生热融和冻胀，如何保持冻土的稳定性，避免随着气温的变化而融化或冻胀，并且还不能破坏高原脆弱的生态环境，这是冻土隧道建设过程中面临的一个巨大的世界性难题。① 在高寒缺氧的恶劣条件下，中国的建设者们花了 3 年时间攻克了这一难题，为中国公路建设创造了奇迹。

2018 年 10 月 24 日，世界最长的跨海大桥——港珠澳大桥正式投入运营。港珠澳大桥全长 55 公里，集桥、岛、隧于一体，大桥主体工程深入外海，同时要面对复杂多变的海洋气候和海底地质条件，是基础设施领域技术特别复杂、环保要求最高、建设标准最高的超级工程。大桥的沉管海底隧道长度为世界之最，由 33 节巨型沉管和一个合龙段最终接头组成，总长 6.7 公里，每节管道长 180 米、宽 38 米，每节单重 8 万吨。沉管隧道建设期间，攻克了深水深槽、大径流、强回淤等世界级难题，战胜了强台风等恶劣天气的挑战，创造了多项世界纪录。该桥被业界誉为桥梁界的“珠穆朗玛峰”，被英媒《卫报》称为“现代世界七大奇迹”

① 《中国打通全世界海拔最高最难建的雪山一号隧道》，央视网，2016 年 10 月 31 日。

之一；[1] 它不仅代表了中国桥梁先进水平，更是中国国家综合国力的体现。

这些让世人瞩目的超级工程犹如一张张亮丽的名片，展示了中国近年来在交通领域所取得的成就。中国在建和在役公路桥梁、隧道总规模世界第一；世界主跨径前十位的斜拉桥、悬索桥、跨海大桥，中国分别占有 7 座、6 座、6 座；世界最高的 10 座大桥有 8 座在中国。[2] 交通运输的超级工程托举着中国崛起，成为展示中国综合国力的标志符号。

尤其值得称道的是，中国在交通运输建设中的民生取向，其巨大成就不仅表现为让人惊叹的超级工程，更表现为温暖人心的民生工程。

要想富，先修路。十八大以来，中国将交通运输作为扶贫攻坚的基础和先导条件，大力推动“四好农村路”建设。5 年来，新改建农村公路 139.2 万公里，农村公路总里程达到 405 万公里，通硬化路乡镇和建制村分别达到 99.64% 和 99.47%。以县城为中心、乡镇为节点、建制村为网点的交通网络初步形成，解决了 5.7 亿农民的出行问题。过去，很多地方的农民是“晴天一身土，雨天一脚泥”，如今是“出门水泥路，抬脚上客车”，一条条“四好农村路”通村畅乡，成为民生路、产业路。重点支持“三区三

① 陈治家：《万众瞩目！港珠澳大桥主体桥面今日全线贯通 》，《广州日报》2016 年 9 月 27 日。

② 本书编写组：《十八大以来新发展新成就》，人民出版社 2017 年版，第 359 页。

州”深度贫困地区和集中连片特困地区，累计投入3257亿元新改建贫困地区农村公路约78.3万公里，重点支持集中连片特困地区改造建成资源路、旅游路、产业路约4.6万公里，为特困地区群众铺出了一条条充满希望的“致富路”。[①]

针对生活于深山中的特困群众，中国实施“溜索改桥”工程，让寒心铁索变暖心大桥。

溜索是居住在中国西部大山深处群众的一种原始出行方式，是当地居民的主要甚至唯一的出行手段，但使用溜索出行存在很大的安全隐患。溜索改桥是国家为改变偏远民族地区交通设施落后而实施的一项惠民工程，承载着百万群众的期待与梦想。

四川凉山彝族自治州布拖县冯家坪村和云南巧家县鹦哥村之间的溜索有“亚洲第一高溜”的称号，是连接金沙江两岸的溜索中最险峻的一个，它长470米，离金沙江江面高度约260米，两岸山势险峻，其下波涛汹涌。这条溜索是云南村民到达四川的主要通道，很多村都是由沿着岩壁上开凿的羊肠小道连接。

从溜索往金沙江下游望去，在下游400米处，一座双车道的跨江大桥飞越天堑，这就是布拖县冯家坪金沙江“溜索改桥”工程——金沙江特大桥，桥宽9米、长385.2米，于2018年5月建成通车。

在下游40公里处的四川省凉山州金阳县对坪镇，另一座溜

① 交通运输部党组：《大力推进“四好农村路”高质量发展》，《学习时报》2019年3月25日，第1版。

索也已停运，取而代之的是于2018年9月开通的另一座金沙江大桥。两座大桥，与宜攀高速公路对接，改变了这一区域内川滇两省金沙江两岸8万群众的出行方式。

两座桥，跨越的不仅是金沙江这道天堑，更是绵延了上千年的交通格局；两座桥，如今已经成为山民们脱贫致富的通天大道。

经过5年多的努力，全国309个“溜索改桥”项目全部建成，全面结束了“溜索时代”。告别溜索，对于边远山区的老百姓来说，新的希望之路正在他们的脚下铺开。

## 三、平安中国：暖心的国家名片

根据2018年中央政法工作会议公布的数据，2017年，中国每10万人中发生命案0.81起，是命案发案率最低的国家之一；严重暴力犯罪案件比2012年下降51.8%，重特大道路交通事故下降43.8%；人民群众对社会治安满意度从2012年的87.55%上升到2017年的95.55%。[①]

经济快速发展、社会安定有序，这是中国向世界展示的“两大奇迹”。

平安中国，已经成为一张暖心的国家名片。

① 张小兵：《安全感何以成为中国的新名片》，《人民论坛》2018年第10期，第18—20页。

当今中国是世界上治安最好的国家之一。

“岁月静好，是因为有人为你负重前行！”

江苏宝应县氾水湖，三面环水，是座孤岛，条件艰苦，可是在这片63平方公里的土地上，社区民警不仅没缺位，而且深深地扎根了。“挽起裤腿插秧，撸起袖子撑船”，社区民警李树干走到哪里，都和村民打成一片，有问题及时了解，有矛盾就地化解，小岛上从未发生过一起恶性案件。当地村民夸李警官“人如其名，就像是高大的树干，是我们坚实的依靠”。其实，李树干曾经也有调离的机会，可当地村民联名写信挽留，让他愈发笃定一个信念：只要乡亲需要，就会一直坚守下去。为了这份承诺，一坚守就是28年。

和平年代，公安队伍是一支牺牲最多、奉献最大的队伍。据统计，改革开放40多年来，中国共有1.3万余名民警因公牺牲。仅2018年，就有301名公安民警、141名警务辅助人员因公牺牲，1.2万余名公安民警和警务辅助人员英勇负伤。正是他们的辛勤付出和流血牺牲，才换来了广大群众的幸福安宁。[①]

聚众滋事、横行乡里、欺行霸市……黑恶势力是危害社会安全的毒瘤。2018年1月，中国开展了一场为期3年的扫黑除恶专项斗争。截至2019年6月底，全国共打掉涉黑组织2104个、涉恶集团7274个，查处涉黑涉恶腐败和“保护伞”问题33335件、

① 张洋：《筑牢平安中国的铜墙铁壁》，《人民日报》2019年5月7日，第11版。

处理 33270 人，社会治安环境明显改善。[①]

衡量一地治安，既要看破了多少案，还要看预防和减少了多少案件事故的发生，大数据让这一切成为现实。智能定位、人脸识别、图像追踪、深度学习、大数据分析……伴随着科技的进步，政法系统的智能化建设在不断深入推进，预测预警预防能力显著提升。

在贵州，省公安厅交通管理局搭建了道路交通安全综合监管云平台，将全省 68 万名重点车辆驾驶人纳入监管，并对驾驶人 46 个维度的海量信息建模分析，实现评分管理。根据积分预警，已有 1200 名驾驶人被企业解聘，4.8 万名不合格驾驶人被清理出重点驾驶人队伍，从而为重点车辆系上了“安全带”。据统计，2018 年全国有 26 个省份实现重大交通事故“零发生”，有 9 个月未发生重大交通事故。[②]

在广东，“智慧新警务”助力各地精准打防、护航平安。2018 年 1 月 29 日至 3 月 3 日，茂名市小东江畔举办了迎春灯会，参观人数平均每天峰值 14128 人次，但整个灯会期间事故“零发生”。有了“智慧新警务”，警方可以提前对人流情况、隐患点做出精准评估，并运用城市热力图、人像识别等技术精准分析，从而合理部警、规划路线，防范可能出现的风险。

在北京，公安部建立了儿童失踪信息紧急发布平台。一对夫

① 熊丰：《高擎督导“利剑”再掀强大攻势》，《人民日报》2019 年 8 月 17 日，第 7 版。

② 张洋：《筑牢平安中国的铜墙铁壁》，《人民日报》2019 年 5 月 7 日，第 11 版。

妻在河北衡水火车站候车时打了个盹，醒来时发现女儿不知所踪。警方第一时间立案侦查，并在公安部儿童失踪信息紧急发布平台发布失踪信息。这一消息牵动着众多网友的心，中心很快就收到不少群众提供的线索。32 小时后失踪女孩成功获救。通过新技术手段，全民打拐的良性互动正在形成。平台上线两年多来，截至 2018 年 9 月 15 日，平台共发布失踪儿童信息 3419 条，找回儿童 3367 名，找回儿童比例为 98.4%，其中解救被拐儿童 53 名。[①]

在天津，一名网络女主播曾在视频直播间内直播自杀画面，视频中除了女孩的直播间之外并无其他线索。通过人脸识别系统，当地警方确认了女孩身份并发现了她所在的位置，在接到网友报警后 40 分钟之内就找到了女孩，挽救了她的生命。这些往日我们在影视作品里看到的情节，如今正真真切切地发生在身边。

事实上，中国已经建成世界上最大的视频监控“天网”，视频镜头超过 2000 万个，公共区域视频监控系统覆盖的密度和监控质量都很高。通过人工智能和大数据技术，有效实现了公共安全视频监控跨区域、跨部门互联互通。视频监控就像数据保护伞，既给坏人以强大的震慑，也为普通民众的生活安全保驾护航。“居家更安心、出行更放心、生活更舒心”成了普通民众的生活常态。

今天，中国正处在社会转型期、矛盾凸显期叠加的特殊时期，

---

① 张毅等：《织牢社会治安防控网》，《人民日报》2019 年 1 月 13 日，第 1 版。

与世界上很多国家相比，中国警力配备占总人口的比例相对较低。平安中国建设能跳出“高投入、高强制、高回报”的公共安全治理模式，主要得益于中共独特的群众路线和组织优势，形成了党委领导、政府负责、社会协同、群众参与的共建共治共享的社会治理格局。全民参与、群防群治，这是中国特色的社会治理经验。中共坚持人民群众是社会治理的力量源泉，紧紧依靠群众，最大限度激发平安中国建设的内生动力。“朝阳群众”“海淀网友”“武林大妈”“乌镇管家”，这些都是人们对积极参与平安中国建设的普通群众的昵称。

在中国西部的四川省凉山彝族自治州西昌市，建立了“市、乡、村、采集点”四级网格服务管理体系，把全市划分为1441个网格，发挥网格员的“千里眼”“顺风耳”作用。2018年1月24日，西昌市月华乡的网格员在巡逻中发现可疑人员，及时报警并协助抓获了3名盗窃高铁工程物资人员。

村庄、社区是最基层的单元，建设好基层组织，对于平安中国建设意义重大。在中国绝大多数村庄和社区，发挥村委会、居委会贴近群众的优势，调解邻里纠纷，将不安定因素消解在萌芽状态；“红袖章”对黑恶势力和违法犯罪分子的震慑、防范作用继续凸显；建立网格员队伍，调动村、社区党员积极性，成为守护平安、服务群众的重要力量……[①]

同样是依托网格，杭州市江干区红梅社区打造出“邻里坊”，

① 张毅等:《创新社会治理　夯实平安之基》,《人民日报》2019年1月14日，第4版。

居民们邻里守望、互帮互助，共同建设平安社区。红梅社区共有2378户居民，分成了5个网格，每个网格推选出5—6名坊员，然后再选出一个坊长。平常，坊员走访自己管理的网格片区，发现问题及时解决，解决不了，就回到“邻里坊”商量。通常，每个网格每周会有一天固定的坊员碰头日，这一天的安排就是上午集中巡查，下午讨论梳理难以解决的问题。“邻里坊”还设置了公约自治、邻里圆桌议事等制度。以“邻里坊”为平台，推动社区居民的社会网络与网格管理有机衔接。目前，江干全区已完成97个“邻里坊”的建设工作，坊内问题解决率达90%以上。①

对中国人来说，“平安”代表着安宁的居所、安康的生活、安全的环境、安定的社会，更意味着充满内心的安全感。正是这样的安全感，成就了中国人内心深处的那份坚定、自信与沉着。充实全社会的安全感，让每个人都能安安心心，努力去追逐自己的梦想。

① 陈洋根、魏吉良：《造新型智慧城市　建社会治理新格局》，《浙江法制报》2019年9月10日，第8版。

时代之问

# 第九章

## 全面小康路上，一个也不能掉队

2019 年 4 月 10 日，比利时布鲁塞尔欧洲议会大厦，“追寻美好生活”中国脱贫成就展开幕。这是中国首次在多边舞台举办的脱贫攻坚内容的展览，用 40 多幅生动图片、10 集视频短片《追寻美好生活》以及翔实的文字资料，讲述了中国各地精准扶贫的典型故事，展示中国扶贫工作成就，介绍全球减贫的中国方案。

改革开放 40 多年来，中国取得了迄今人类历史上最快速度的大规模减贫成果，创造了世界减贫史上的奇迹。1978 年，中国是世界上最贫困的国家之一，按照世界银行的统计数据，当时中国人均 GDP 只有 156 美元；2017 年，中国人均 GDP 约为 8900 美元。从 1978 年到 2017 年，中国有 7.4 亿农村贫困人口成功脱贫，对同时期全球减贫事业的贡献率超过 70%。中国的贫困人口从 2012 年的 9899 万人减少到 2018 年的 1660 万人，6 年时间减少了 8000 多万人，连续 6 年平均每年减贫 1300 多万人。[①]

① 《国家统计局：2018 年全国农村贫困人口减少 1386 万人》，《人民日报》2019 年 3 月 8 日，第 7 版。

# 一、从区域开发到精准扶贫

“40多年来，我先后在中国县、市、省、中央工作，扶贫始终是我工作的一个重要内容，我花的精力最多。我到过中国绝大部分最贫困的地区，包括陕西、甘肃、宁夏、贵州、云南、广西、西藏、新疆等地。这两年，我又去了十几个贫困地区，到乡亲们家中，同他们聊天。他们的生活存在困难，我感到揪心。他们生活每好一点，我都感到高兴。”[①]习近平在2015减贫与发展高层论坛的主旨演讲中如是说。

“牵挂最多”“花精力最多”。中共十八大以来，每年都要开专题会议进行部署；十九大以来，每个月都对脱贫攻坚工作做出重要指示批示，即使在2019年大年三十和正月初一，习近平还在对脱贫攻坚做出批示。[②]

40多年来，中共的历届领导人都将减贫摆在重要位置，早在1986年就设立国务院贫困地区经济开发领导小组，作为减贫工作的专门协调机构。1993年，领导小组更名为“国务院扶贫开发领导小组”，小组成员拓展到20多个相关部门，增加了全国总工会、全国妇联、中国科协、中国残联等动员多个社会力量和

---

① 李拓：《习近平的扶贫路：四十多年来重要工作内容　花费精力最多》，中国青年网，2015年10月17日。

② 《国务院扶贫办就“攻坚克难——坚决打赢脱贫攻坚战”答记者问》，新华网，2019年3月7日。

关注弱势群体的机构。这个跨部门的组织机构涵盖了规划、预算、基础设施、农业产业、教育、卫生等多个部门。2015年，扶贫开发领导小组的成员部门超过47个。

与大多数国家将减贫机构设置在社会福利部门不同，中国的扶贫开发领导小组横跨众多部门。当其他国家以收入支持和社会救助作为减贫的主要政策工具时，中国的减贫工作通过对各部门的统筹协调，既有开发式扶贫，也有保障式救助，多维度综合治理贫困，形成了“政府主导、社会参与”的工作机制，有效动员各方力量推进减贫事业的发展。

与许多经济欠发达国家减贫依赖外援不同，中国政府始终坚持政府主导贫困治理，运用各种政策工具，一方面保障贫困地区农民人均纯收入增长幅度高于全国平均水平，另一方面在基本公共服务供给方面尽量使贫困人口有更加公平的机会，为阻断贫困代际传递提供制度保障。尽管国际上从2010年才开始提出全球多维贫困指数（MPI），但在中国的扶贫举措中自始至终都采用政策“组合拳”。①

40多年来，中国的扶贫走过了以贫困地区区域开发为主转向以贫困家庭和人口为对象的精准扶贫之路。

20世纪80年代开始的扶贫开发的主要策略就是促进贫困地区的区域发展，间接带动贫困人口脱贫。当时以县为单元确定国家扶持的重点，在财力有限的情况下，好钢用在刀刃上。应该说，

---

① 王小林：《改革开放40年：全球贫困治理视角下的中国实践》，《社会科学战线》2018年第5期，第17—26页。

区域瞄准不失为扶贫资源达到穷人的一个“利器”。到了21世纪头10年，国家扶贫开发的重点从县转向村。除了592个国家扶贫开发重点县外,在全国范围内确定了14.8万个贫困村进行“整村推进”。

十八大以来，中共适时调整以往以区域开发为主的扶贫开发模式，将精准扶贫和精准脱贫作为基本方略，将贫困家庭和贫困人口作为主要扶持对象。

2013年11月3日，湖南湘西土家族苗族自治州花垣县排碧乡十八洞村，习近平在这里提出了精准扶贫重要理念——实事求是、因地制宜、分类指导、精准扶贫，让扶贫资源与贫困户的需求、自然禀赋精准对接。

精准扶贫，贵在精准。中共充分发挥其组织优势，2014年，全国扶贫系统组织80万人进村入户，共识别出12.8万个贫困村和8962万贫困人口，第一次实现了到村到户到人，通过对每个贫困户建档立卡的形式，摸清了贫困人口底数、贫困程度和贫困原因，为后续精准施策奠定了基础。2015年8月至2016年6月，全国扶贫系统开展了建档立卡的“回头看”工作，补录贫困人口807万人，剔除非贫困人口929万人；2017年，国务院扶贫办组织各地对2016年脱贫真实性开展自查自纠，将245万脱贫人口重新识别为贫困人口。通过动态管理，进一步提高了贫困户的瞄准度。[①]

① 朱梦冰、李实：《精准扶贫重在精准识别贫困人口——农村低保政策的瞄准效果分析》，《中国社会科学》2017年第9期，第90—112页。

在这一过程中，参与精准识别的不仅仅是扶贫系统，而是依靠各级党组织和政府，中国的省、市、县、乡、村五级书记都将脱贫攻坚作为“第一民生工程”，从各级机关选派优秀年轻干部、后备干部，从国有企业、事业单位选派优秀人员，到贫困村当第一书记，和驻村工作队一起，开展精准扶贫工作。各地在实践中创造出了行之有效的精准识别方法。

贵州省威宁自治县迤那镇坐落在乌蒙山脉中段，山深坡陡、土地广阔，史称“化外之地”。气候条件差、生态环境恶化、基础设施落后、农业产业基础薄弱，长期以来经济社会发展相对滞后，是威宁县扶贫攻坚最难啃的一块“硬骨头”。当地干部在扶贫工作中总结出一套“四看”的精准识别方法：“一看房，二看粮，三看劳动力强不强，四看家中有没有读书郎。”

一看房，就是通过看农户的居住条件和生活环境，估算其贫困程度。二看粮，就是看农户耕地面积，有效灌溉的耕地面积，林地和桑园、茶园、果园面积，牧草地面积，商品用经济作物面积，按各种经济作物的收入和市场价格，估算农户的农业收入和食品支出。三看劳动力强不强，就是通过看农户劳动力的文化程度、年龄结构、身体状况、打工状况、打工时间，生产技能掌握情况，以及有无病残人口，估算农户的务工收入和医疗支出。四看家中有没有读书郎，就是看农户家中是否有小学生、初中生、大专生、本科生、研究生，通过贫困家庭读书对象，估算农户的发展潜力和教育支出。

迤那镇的这套土办法，看似简单，实则暗合了贫困的多维指标体系，以较低的成本准确地识别出需要扶持的农户。例如，通过“四看”，迤那镇发现有5%的家庭有残疾人、体弱或年老丧失劳动能力的成员，有3%的贫困户长期生病或患重病，不仅对家庭没有收入的贡献，反而还增大支出，导致家庭长期陷入贫困之中，难以脱贫。有11%的贫困人口因贫失学，又因失学而成为新一代贫困人口，有8%贫困家庭因供养子女读书而致贫。①

由于贫困是多维度的，要全面了解各方面情况，成本极高，光靠第一书记和驻村工作队显然是不够的。中国充分利用农村社区熟人社会的特点，发动群众，通过“民主评议”来精准识别贫困户。民主评议是指组建包括乡镇驻村干部、村干部、群众、残疾人和低保户代表等的村级民主评议小组，再进行贫困户的确定。这种方法的实质是采取农户参与的贫困瞄准方法，将识别贫困户的权力交给群众。

在十八洞村，形成了“九不评+七步法”的精准识别工作方法。“九不评”指的是根据《十八洞村精准扶贫贫困户识别工作做法》，吃财政饭的不评，有车的不评，有楼房的不评，在县城买了商品房的不评，有小加工企业的不评，全家外出务工的不评，违反计划生育政策的不评，违法违纪的不评，不支持村里公益建设的不评。“七步法”指的是每个村民对照“九不评”来民主投票，按照“户主申请→投票识别→三级会审→公告公示→乡镇审

① 李裴、罗凌：《精准扶贫“四看”法》，《农村工作通讯》2015年第18期，第40—42页。

核→县级审批→入户登记”七道程序，把识别的权力交给广大群众，及时张榜公布结果，对识别工作实行全程民主评议、民主监督，确保识别公开、公平、公正。[①]

与此同时，对建档立卡的贫困户实行动态管理，脱贫了逐户销号，返贫了重新录入，有进有出，及时调整，保证扶贫资源准确对接。对瞄准扶贫对象不断调整和聚焦，这在国际上绝无仅有。

通过这些有效的措施，在中国县域贫困治理中，识别精度超过了 98%。

瞄人不易，定策更难。精准扶贫，不仅要瞄准人，更要定准策，要因地制宜，“把种什么、养什么、从哪里增收想明白”。为此，第一书记们可是付出了大量辛勤的汗水。

精准扶贫的首倡地十八洞村，位于湖南湘西花垣县，是武陵山区腹地一个苗族聚居村，因村里有 18 个天然溶洞而得名。这里虽然山奇水秀、景色宜人，但因为交通闭塞，处于集中连片特困地区，群众生活长期徘徊在贫困线以下。2013 年，全村 225 户、939 人，人均可支配收入只有 1668 元，贫困发生率高达 57%。当地广为传唱着这样一首苗歌，折射出生活的艰辛和无奈：“山沟两岔穷旮旯，每天红薯苞谷粑。要想吃顿大米饭，除非生病有娃娃。”

对于如何找对路子精准发展特色产业，扶贫工作队和村民们

---

① 郑晓茹：《先锋队引领与赋力村庄：精准扶贫何以落地生根——以湘西苗寨十八洞村为例》，《云南民族大学学报（哲学社会科学版）》2019 年第 1 期，第 86—94 页。

一起动足了脑筋。十八洞村地处山区，人均耕地只有 0.83 亩，并且地块零碎分散，无法规模利用，他们就转变思路搞“飞地经济”，选定种植、养殖、苗绣、劳务、乡村游、山泉水六大产业。

在县农业科技园异地流转土地 1000 亩，村民以产业帮扶资金和自筹资金入股，集中种植优质猕猴桃，2018 年获得收益 88.5 万元。

十八洞的山泉水甘洌洁净，富含矿物元素，村民就利用资源入股，与企业合作建成十八洞山泉水厂，村集体每年可获得保底分红 50 万元。

十八洞村自然风光秀丽、山林资源丰富、苗族文化保存完好，但这些资源长期开发利用不足，村民就围绕发展乡村旅游这条主线，按照农旅一体化的思路整合资源，着力打造“旅游 +”产业体系：成立农旅农民专业合作社，根据乡村旅游需要流转村民土地，统一规划开发；成立旅游开发公司，打包开发全村旅游资源、管理旅游产业；大力发展苗绣、黄桃、油茶、蜂蜜等民族工艺和绿色环保产业，为乡村旅游增色。“抱团”发展带来了规模效益，2018 年全村共接待游客 30 万人次，实现旅游收入 300 余万元，同时带动了民宿、农家乐的发展。

因户施策，通过组织外出学习、开展技术培训、进行市场对接等方式，使家家户户根据自身实际找到了致富门路：厨艺好的，开饭店；有多余房子的，办民宿；会说普通话的姑娘小伙，当起了导游；老年人就是在家门口摆山货摊，也有一些收入。

2016 年，十八洞村人均收入从 2013 年的 1668 元提高到

8313元，成功脱贫摘帽。2018年，这个数字又增加到12128元，是5年前的7.3倍。[①]

## 二、“互联网+”让扶贫插上翅膀

根据中国互联网络信息中心（CNNIC）的统计，截至2018年12月，中国的网民规模已达到8.29亿。作为互联网大国，近10年，每一次互联网技术迭代创新，都会为中国的扶贫事业带来新的想象空间。

事实上，中国的“互联网+扶贫”在产业扶贫上闯出了中国特色。中国政府加强了贫困村的信息、交通、物流基础建设，在此基础上，市场力量各显神通，为扶贫产品对接市场创造条件。在互联网这个平台上，政府和社会力量通力合作，演绎出一个又一个精彩的扶贫故事。

地处甘陕川三省交界处的甘肃省陇南市，率先探索并形成了电商扶贫的“陇南模式”。

陇南属于秦巴山区集中连片特殊困难地区，有贫困人口130.47万人，贫困发生率53%，居甘肃省第一。尽管陇南素有“陇上江南”之称，自然资源丰富，特色农产品颇有名气。但是，由于受交通、信息、经济状况等因素制约，优质农产品难卖问题突

① 特约调研组：《精准扶贫结出“幸福果”——湖南花垣县十八洞村脱贫调查》，《人民日报》2019年9月16日，第2版。

出，严重制约当地脱贫步伐。

互联网的发展为打破“富庶中的贫困”悖论带来了契机。在农业产业链条上，农产品处在最低端，其价值一直被低估或者被“剥削”。如果在特色产业扶贫、销售农产品等方面运用大数据，从田间直接对接市场，不仅可以提高农产品的定价，还能够更加科学、迅速地对市场需求做出反应，从而使农民获得稳定收入。

2013 年底，陇南市提出，要“大力发展电子商务，把空间上的万水千山变为网络里的近在咫尺”，构建农产品电子商务的陇南模式。2014 年底，陇南市被国务院扶贫办确定为全国唯一的电商扶贫试点市，先后在 9 县区 1365 个建档立卡村中选择确定了 750 个贫困村开展电商扶贫试点工作。

电商扶贫就是将电商企业和贫困户建立连接，贫困户通过参与电商企业的生产经营，达到就业或销售农产品、手工艺品等目的，进而获得稳定收入、实现脱贫。

陇南市建成了市、县（9 个县级运营中心）、乡（187 个乡镇服务站）、村（882 个村级服务点）四级电商服务体系，加盟或创建了 32 个电商平台，建设 296 家物流企业、1028 个快递网点，用电商打通产业扶贫的“最后一公里”。

截至 2018 年 8 月，陇南市开设 14602 个网店、9800 多家微店，25 万余人次电商从业人员参加了电商培训，累计实现线上交易额 100 多亿元，直接带动 10 万人稳定就业。[①]

---

① 郭崇义、米婷祯：《陇南电商扶贫：模式、机制与对策》，《商业经济研究》2019 年第 10 期，第 80—82 页。

互联网不仅能实现扶贫产品市场的对接，更能借助大数据分析成为扶贫的“神助攻”。

贵州省毕节市的黔西县，曾是贵州省65个贫困县之一。2014年，全县共有建档立卡贫困户3.5万户、138254人。

2016年，贵州省黔西县成立了全市第一家县级大数据产业发展中心，将大数据技术应用于扶贫、治贫工作中。第一，建立全县居民生活资料大数据库，通过大数据建模分析贫困户的典型特征，结合国家对于贫困户标准的界定，精准识别扶贫对象，并进一步对扶贫对象进行特征聚类，根据他们致贫原因制定因类而异、因人不同的帮扶政策。通过数据库动态管理贫困户档案，避免了由于信息滞后和不对称导致真正的贫困户进不了、致富的贫困户难“脱贫”。第二，在行业数据分析基础上，根据黔西自身资源，确立了以打造绿色农产品和旅游业为振兴县域经济的支点，指导帮助微小企业取得农特产品认证，并对其产品进行指导包装，增加产品附加值。截至2017年，获得QS认证、无公害认证的企业69家、产品127种。

2016年黔西实现电商交易额突破4亿元，2017年实现电商交易额突破6亿元，2018年第一季度实现电商网络零售额达8000万元，间接带动全县300户1000余人走向富裕，户均创收2万余元。

截至2017年，全县共减少贫困人口30018户、123847人，出列贫困村163个，15个贫困乡镇实现减贫摘帽，全县贫困发生率从2014年的15.58%下降到2017年的1.62%。2018年，黔西县通过国家专项评估检查，摘掉了贫困县的帽子，成为毕节市第一个脱贫出列县。[①]

2017年中国农村地区网络零售额12448.8亿元，同比增长39.1%，而全国832个国家级贫困县实现网络零售额1207.9亿元，同比增长52.1%，高出农村增速13%。农村网店数量达985.6万家，同比增长20.7%，带动就业人数超过2800万人。

如果说陇南模式是在政府的极力推动和大力投资下，发动企业、全民力量形成的“互联网+扶贫”模式，那么，在扶贫社会大格局下，互联网平台企业也创造了全新的扶贫范式。

北京字节跳动科技有限公司成立于2012年，公司拥有5万多名员工。旗下产品包括抖音、今日头条、西瓜视频、火山小视频等多款产品，人称“App工厂”。

抖音、今日头条、西瓜视频、火山小视频等，这些当下年轻人追捧的App与精准扶贫碰撞出了火花——帮助贫困地区企业把自己的产品宣传出去，让更多的消费者认知。

海量的产品上线App，消费者出现选择性困难，对于企业，则难以对接到目标客户。传统的办法要靠广告费、活动费的投入等，让产品前置，使消费者迅速看到。这对于贫困地区企业来说无疑增加了新的成本。北京字节跳动科技有限公司的做法是，做内容的精准分发和信息流动。其中，最重要的就是品牌打造——“山货上头条”“山里DOU是好风光”。这两个项目

① 马琦、陈志轩：《大数据背景下的农村电商精准扶贫创新模式研究——以贵州省黔西县为例》，《现代营销（学苑版）》2019年第1期，第181—184页。

一个是帮助贫困地区的农产品上行，一个是宣传贫困地区优质的文化旅游资源。

2018 年 8 月，北京字节跳动科技有限公司“山货上头条”扶贫项目在国家级贫困县四川省泸州市古蔺县实施，在 80 多位扶贫达人的帮助下，5 天内，通过电商引流等方式，3846 户贫困果农家庭卖出了 24 万斤脆红李。① 截至 2018 年 11 月，“山货上头条”重点打造 5 款扶贫山货，总销售量约 150 万斤，总销售额约 1100 万元，惠及 1 万多户贫困家庭。②

从“大水漫灌”到“精准扶贫”、从“普惠式”平均分配到“特惠式”精准分配，中国的扶贫开发扶持政策的多样组合、适时调整，使投入资源传递更加有效。③

对减贫的中国路径、中国方案，中国从来没有停下探索的脚步。中国的脱贫攻坚绝不仅仅是让老百姓的钱袋子迅速地鼓起来，而是既有长远规划，又能未雨绸缪。按照中共中央的部署，到 2020 年中国全面建成小康社会，将消除绝对贫困。但是，不容否认，即便绝对贫困消除了，中国的相对贫困还会长期存在，而且，已经脱贫的人还有可能返贫。

---

① 秦慧英、蒋佳欣、朱荣鹏：《山货上头条爱心助农，5 天卖出 24 万斤古蔺脆红李》，华声在线，2018 年 8 月 20 日。

② 佘振芳、李华侨:《互联网扶贫有啥妙招？看看大咖们都怎么说》, 华龙网，2018 年 11 月 8 日。

③ 曾小溪、汪三贵：《中国大规模减贫的经验：基于扶贫战略和政策的历史考察》，《西北师大学报（社会科学版）》2017 年第 6 期，第 11—19 页。

2019 年 7 月 26 日，十三届全国政协第二十六次双周协商座谈会在京召开，会议的主题是“巩固脱贫成果　减少和防止脱贫后返贫”。当很多发展中国家还在为减贫苦恼时，中国人已经在思考脱贫以后怎么办的问题了。

在会上，围绕着如何巩固脱贫成果、减少和防止返贫问题，委员们从培育产业、扩大就业、医疗保障、教育培训、金融支撑等方面各抒己见。事实上，委员们说出了中国减贫事业的未来方向——把继续攻坚和防止返贫摆在同等重要的位置，要彻底斩断穷根，还是要像打赢脱贫攻坚战一样，探索、建立一套更加精准的体制机制，同样打赢防止返贫的攻坚战。[①]

---

① 包松娅：《防止返贫：筑堤坝谋长远》，《人民政协报》2019 年 7 月 27 日，第 2 版。

# 第十章 『绿水青山就是金山银山』

远山苍苍茫茫，近处阔水细沙，渔樵相乐，江船如豆，行到水穷处，坐看云起时。600多年前的元代画家黄公望绘就了一幅传世佳作《富春山居图》，画作既是绘景，也寄托了当时的人们对安乐、富足的社会图景的向往。今天，600多年后的富春江，应该是一番怎么样的景象？青山绿水依旧，他梦想中的桃花源随处可见。

生态环境承压过重、环境污染，是许多国家在工业化进程中出现的普遍问题。中国是怎样处理这一问题的呢？

## 一、“两山”理念：从余村走向全国

2018年9月27日（纽约时间9月26日晚9时许），纽约曼哈顿联合国总部，浙江省政府因坚持实施15年“千村示范万村整治”工程被授予全球最高环境保护荣誉——“地球卫士奖”。[①]

2003年6月5日，世界环境日，面对发展给环境带来的污染，

① 晏利扬：《“我看到了未来世界的模样”——浙江省“千村示范万村整治”工程获联合国“地球卫士奖”》，《环境教育》2018年第10期，第15—19页。

浙江启动“千万工程”，以农村生产、生活、生态三大环境改善为重点，选择1万个左右建制村进行全面整治，把其中1000个左右中心村建成全面小康示范村。从此，浙江走上了生态省建设的快车道，“绿色浙江”成为浙江人的共识。

2005年8月15日，习近平来到安吉县余村考察。在这次考察中，习近平首次明确提出“绿水青山就是金山银山”的观点：“我们过去讲，既要绿水青山，又要金山银山。其实，绿水青山就是金山银山”，“生态环境优势转化为生态农业、生态工业、生态旅游等生态经济的优势，那么绿水青山也就变成了金山银山”。[①]

余村人痛下决心，决定关停矿山和水泥厂，还地方一片绿水青山。工业做“减法”，休闲产业做“加法”，实现了“石头经济”向“美丽经济”的华丽转身。当年村庄南面的石矿和水泥厂关停后如今一片翠绿；村庄西面的冷水洞石矿，已改建成矿山遗址公园，变身景区，兼具生态旅游、美丽宜居和田园观光，成为国家4A级景区。2018年，村级持有集体资产2000余万元，集体经济收入达到471万元，农民人均纯收入4.46万元。[②]

浙江以“千万工程”为主要内容的农村人居环境整治取得丰硕成果，山青了，水绿了，房前院后变美了。当地老百姓交口称道，认为这是“继实行家庭联产承包责任制后，党和政府为农民办的最受欢迎、最为受益的一件实事”！

---

① 李晓俊：《从余村走向中国》，《湖州日报》2017年12月6日，第A01版。
② 李风等：《浙江安吉：践行“两山”理念，打造美丽家园》，《中国自然资源报》2019年6月14日，第1版。

“两山”理念是浙江的答案，更是中国的答案。

2012 年，中共十八大提出“五位一体”的发展战略，在原有的“四位一体”发展战略的基础上，将生态文明建设纳入中国特色社会主义事业总体布局。中共十九大报告指出，要加快生态文明体制改革，建设美丽中国。今天，中国把生态文明建设放在突出地位，融入经济建设、政治建设、文化建设、社会建设各方面和全过程。

“绿水青山就是金山银山”，这团诞生于余村的“星星之火”，已呈燎原之势遍布了神州大地。在江苏省泗洪县，秀美水环境变成发展新引擎；在安徽省旌德县，生态立县成为发展战略；在广东省东源县，好生态迎来 4 块国家级生态招牌……环境更优美、发展更持续，广大群众享有了前所未有的获得感。[①]

若黄公望泉下有知，当乐见今天的美丽中国，一幅更加富足、安乐、人与自然和谐共处的超级画卷何止在富春江畔……

## 二、蓝天保卫战：北京的大气污染治理

2013 年 1 月，中国的首都北京发生了持续性、大范围、高浓度的空气重污染，一个月内仅有 5 天没有雾霾，当月 $PM_{2.5}$ 平均质量浓度接近 160 微克 / 立方米，引起国内外高度关注。而且，

---

① 李晓俊：《从余村走向中国》，《湖州日报》2017 年 12 月 6 日，第 A01 版。

雾霾并不局限于北京，整个中国中东部地区的140多万平方公里都被雾霾笼罩，8亿以上人口受到影响。

大范围雾霾事件出来之后，北京市很快于2013年9月制订了《北京市2013—2017年清洁空气行动计划》，争取“经过五年努力，全市空气质量明显改善，重污染天数较大幅度减少。到2017年，全市空气中的细颗粒物年均浓度比2012年下降25%以上，控制在60微克/立方米左右”。[①] 与此同时，每年制订具体的年度清洁空气方案，将任务分解。北京市的反应极其迅速，而且有章法，不仅很快制订了明确的计划和具体的实施方案，而且充分利用北京科研单位、大学和环保系统的技术力量，对 $PM_{2.5}$ 的来源进行科学解析，编制了详细的污染源排放清单，精准打击。

出台配套政策、建立协作机制、开展集中治理、强化专项执法、启动应急联动、动员群众参与……整个京津冀地区都迅速行动，为打赢蓝天保卫战而拼搏。在这场保卫战中，北京市的大气污染治理表现出鲜明的中国特色。

第一，在政策执行过程中，令行禁止的执行能力。

在北京，燃煤是四大污染源之一。因此，首要举措是削减煤炭消费，包括散煤、中小锅炉等。到2017年，北京共淘汰4923家燃煤锅炉，占全市燃煤锅炉总量的99.8%；通过使用清洁能源，二氧化硫年均浓度持续下降，从2013年的28微克/立方米下

① 《北京市2013—2017年清洁空气行动计划》，北京市人民政府网站，2013年9月13日。

降到2016年的10微克/立方米，下降幅度高达64.3%。2013—2017年的锅炉整治和民用燃料清洁化措施减排对$PM_{2.5}$浓度下降的贡献率为35%。

为控制汽车尾气排放，2015年，北京对8800余辆选用SCR系统的国四、国五排放标准在用柴油公交车进行排放改造；自2016年1月起，对新增公交、环卫、邮政等8类车辆安装颗粒捕集器；至2018年共计淘汰老旧机动车216.7万辆，同时，推广新能源和清洁能源车20万辆。2013—2017年机动车治理措施减排对$PM_{2.5}$浓度下降的贡献率为6%。

将2017年$PM_{2.5}$年均浓度控制在60微克/立方米以内，当初提出这一目标时，曾被视为“不可能完成的任务”，但最终控制在了58微克/立方米，这不能不说是执行有力的结果。

第二，在协同治理过程中，高度的协调能力和动员能力。

大气污染具有区域传输的特点，即使部分城市没有达到相应预警级别，但在不利气象条件下，其污染物排放也会对区域污染积累和下游城市空气质量产生影响。因此，大气污染治理需要进行区域统筹、协同治理。

北京市从一开始就清醒意识到协同治理在大气污染治理中的重要性，将北京市大气污染的治理放在京津冀一体化这一大框架中来加以思考。

2013年底，由北京市牵头，成立京津冀及周边地区大气污染防治协作小组，建立了京津冀及周边地区大气污染防治协作机制，此举不仅得到了河北、天津、内蒙古等六省（区、市）的支持，而且得到了环保部、发展改革委、财政部、工业和信息化部、住房城乡建设部、中国气象局等国家部委的支持。2015 年，河南省和交通运输部又加入协作机制。

2017 年，根据京津冀大气污染传输规律，国家环保部将北京市、天津市和河北省、山西省、山东省、河南省的 26 个城市（“2+26”城市）确定为京津冀大气污染传输通道，作为区域大气污染治理的重点。

这些机制有力地保障了区域大气环境质量的整体改善，从而为北京市大气污染防治奠定了良好的基础。

第三，依法依规，不断提升的监测能力。

2014 年，北京市发布实施了中国第一部以 $PM_{2.5}$ 为主要目标的地方大气污染治理法规——《北京市大气污染防治条例》，明确北京市大气污染治理的方向、模式和法律要求。同时，制定了严于国家大气污染控制标准的地方标准。截至 2018 年底，在用的北京地方大气污染物控制排放标准已达 45 项，涵盖燃烧源、移动源和工业污染源等各个方面，为实施各项大气污染治理措施提供了标准体系支持。

2013 年，北京市就建成了 35 个覆盖全境的自动监测站，2016 年升级监测技术，建成了“天空地”一体化空气质量监测网络。2018 年，北京市借助大数据技术，布设了 1000 余个 PM2.5 传感监测站，覆盖 325 个乡镇、街道，1020 个覆盖全部乡镇、街道的大气粗颗粒物（TSP）监测网络。

以通州区为例，该区建有 1 个全项站、18 个单项站、480 个简易监测站。各类监测站点每 5 分钟上传一次数据，每 10 分钟生成一张污染物分布图，还能分析未来时间段内可能的变化趋势，实时显示通州空气污染物平均指数，还分别列出了各街道、乡镇的情况。如果哪个点位或相邻几个点位的数据出现了异常，说明那里可能有正在偷排的污染源，相关负责人就会立即通知辖区网格员到现场查验。

虽然专业，但空气质量监测系统并不封闭，而是面向公众开放，与社会互动。比如，若发现空气质量异常，公众可随时通过手机 App 上报，乡镇、街道的执法人员收到警报后，会第一时间对该站点附近区域进行检查，有针对性地启动执法和治理工作。与此同时，测出的数据还要让百姓看得到、用得好。每天，当人们打开手机时，就能看到实时的空气质量预报和重污染天气预警信息，以及针对公众的出行和健康建议。①

除了自动监测，还有人工监测。河北省武安市，京津冀大气污染传输通道“2+26”城市之一，22 个乡镇和工业园区都挂牌成立了环保所，统一配备了执法记录仪、照相机、摄像机以及便携式执法箱等装备。在午汲镇环保所，有 10 名专职工作人员，配备了专门的装备和车辆，下面的 28 个村都明确了村级环保监管员，村级环保员一星期至少巡查 2 次，消除了环保监管的盲区和死角。

针对大气污染物浓度夜间比白昼高的问题，武安市开展夜查，

① 赵贝佳、贺勇：《数据有异常 “红灯”立马亮》，《人民日报》2018 年 12 月 1 日，第 9 版。

要求 9 名相关市级领导每人每周不少于 2 次，各相关部门主要领导和乡镇党政主要领导每周不少于 2 次。尽管非常辛苦，但让这些环保“守夜人”欣慰的是，夜查取得了显著成效。仅 3 个月时间，全市共发现各类问题 311 个，305 个已整改到位，不仅有效打击了违法违规行为，而且发挥出极大的震慑和导向作用，空气质量有了明显改善。[①]

为了确保环保要求落实到位，中国建立了中央环保督察机制，不仅督察企业，更督察党委和政府。两年多时间，中央环保督察实现全覆盖，累计问责超过 1.8 万人。2018 年，中央环保督察开展“回头看”，又对 20 个省份杀了个“回马枪”。[②]

经过 5 年多的攻坚，“北京已经从过去的‘APEC 蓝’到‘阅兵蓝’，再到后来的‘常态蓝’”，空气重污染天数从 2013 年的 58 天减少到 2018 年的 15 天。2019 年 8 月，北京市 PM2.5 平均浓度为 23 微克 / 立方米，首次进入“20+”。

2018 年，《打赢蓝天保卫战三年行动计划》启动，采取调整优化产业、能源、运输、用地“四大结构”等举措，大气污染防治行动不断深化，成效逐渐显现。数据显示，2018 年全国 338 个地级及以上城市平均优良天数比例 79.3%，$PM_{2.5}$ 浓度同比下降 9.3%。[③]

---

① 刘毅：《污染防治措施更加精准科学》，《人民日报》2018 年 11 月 24 日，第 10 版。

② 陈二厚等：《攻坚，为了美丽中国——党的十八大以来污染防治纪实》，《人民日报》2019 年 2 月 28 日，第 11 版。

③ 谢佳沥：《砥砺七十载　大美中国梦——新中国成立以来生态文明建设和生态环境保护工作综述》，《中国环境报》2019 年 9 月 27 日，第 1 版。

其实，蓝天保卫战只是中国环境污染治理的一个典型案例，除了针对大气污染的蓝天保卫战，中国还同时打响了针对水体污染的碧水保卫战和针对土壤污染的净土保卫战，而且都取得了骄人的成绩。

## 三、从“黄色沙漠”到“绿色银行”：库布齐的启示

如果将大气污染治理比喻为一场针对环境污染的防御战的话，那么，沙漠治理则可以被视为一场旨在修复生态的进攻战。

生态兴则文明兴，生态衰则文明衰。[①] 尽管中国近年来生态环境有所好转，但形势依然严峻，中度以上生态脆弱区域仍占陆地国土总面积的55%，土地荒漠化就是其中突出的问题之一。中国的荒漠化和沙化土地占国土面积的45%，全国近35%的贫困县、近30%的贫困人口分布在西北沙区。

2015年7月28日，库布齐1/3绿化成果荣获联合国颁发的“2015年度土地生命奖”。

库布齐沙漠是中国第七大沙漠，总面积约1.86万平方公里，主体位于内蒙古鄂尔多斯市杭锦旗境内。库布齐，蒙古语意为“弓上的弦”。它位于鄂尔多斯高原北部与河套平原交界地带，奔腾不息的黄河内蒙古段呈“几”字形，恰似一张弯弓，南岸

① 《坚决打好污染防治攻坚战　推动生态文明建设迈上新台阶》,《人民日报》2018年5月20日，第1版。

横亘东西、绵延360多公里的沙漠如弦。据《诗经》记载，在3000多年前的西周时期，这里有朔方古城。当时，森林茂密，水草丰美，牛羊成群。400多年来，沙进人退，这里逐渐沦为一片“死亡之海”。

新中国成立时，库布齐沙漠每年向黄河岸边推进数十米、流入泥沙1.6亿吨，直接威胁着“塞外粮仓”河套平原和黄河。30多年前，库布齐沙漠腹部地区寸草不生、荒无人烟，风蚀沙埋十分严重，沙漠里连一条成形畅通的道路都没有，进入沙漠，需推土机在前面开道，车在后面跟着走，一场风，刚推出来的路就被损坏了。农牧民散居在沙漠里，过着与沙为伴的游牧生活，苦不堪言，人均年收入不足400元。

为了改变这种恶劣的生态环境，当地党委和政府将生态建设作为全旗最大的基础建设和民生工程来抓。经过30多年的治理，库布齐沙漠治理面积达6000多平方公里，绿化面积达3200多平方公里，植被覆盖率由2002年的16.2%增加到2016年的53%，1/3的沙漠变成了绿洲，成为世界上唯一被整体治理的沙漠，实现了“沙逼人退”到“人进沙退”的历史性转变，被联合国称为“全球治沙样本”。

这一世界瞩目的绿色奇迹，究竟是怎样发生的？

答案是杭锦旗所创造的四轮驱动模式：党委和政府政策性支持、企业产业化投资、农牧民市场化参与，三方合力，同时科学施策，实现了生态、产业、民生平衡发展。

党委和政府政策性支持。沙漠治理是一项难度高、投资大、周期长、见效慢的系统工程。没有系统的政策性支持，很难调动企业参与的积极性，即使参与，也很有可能半途而废。

面对库布齐沙患，鄂尔多斯历届党委、政府一直聚焦治沙，坚持以社会化的方式推进沙漠治理，接连出台政策措施，引导各方面力量参与荒漠化治理。

——20 世纪 50 年代提出“禁止开荒”“保护牧场”，70 年代提出“逐步退耕还林还牧，以林牧为主，多种经营”。

——20 世纪 80 年代初，把“五荒地”（荒山、荒滩、荒沙、荒沟、荒坡）划拨到户，鼓励种树种草，谁种谁有，允许继承，为社会力量多元化参与创造了有利的政策环境，出现了千家万户抢治荒沙植树造林的可喜局面。

——2001 年到 2010 年，将改善生态与解决“三农”问题统筹考虑，实行禁牧、休牧、划区轮牧；编制《全市农牧业经济“三区”发展规划》；杭锦旗推行“掏钱买活树”的约束机制和“以补代造”“以奖代投”等激励机制，引导企业、农牧民通过承保、入股、租赁和投工投劳等方式参与防沙治沙。

——十八大以来，着力构建绿色金融体系；在发展沙产业、生态移民、禁牧休牧、生态基础设施建设等方面，给予企业和群众直接支持，有效促进了资金、技术、劳动力等生产要素向生态领域聚集，实现了“三个转变”：防沙治沙主体由国家和集体为主向全社会参与、多元化投资转变，由注重生态保护与建设工程向科技创新支撑下的综合防治转变，由单纯注重生态效益向生态效益、经济效益、社会效益协同共进转变。[①]

企业产业化投资。在中央以及内蒙古自治区、鄂尔多斯市各项支持性政策引导下，各类企业进行产业化投资，积极参与规模化治沙，科学开发林沙资源，带动库布齐沙区从单纯治沙向生态建设和生态经济发展并举转型，形成一、二、三产业融合发展的生态产业体系。

杭锦旗独贵塔拉镇，亿利生态光伏发电综合治理示范项目区。深蓝色的光伏板连绵不断，如同一片蓝色的海洋，蔚为壮观。"嘎嘎、嘎嘎……"数千只鹅在光伏板下觅食，很是热闹。

这些光伏板不仅充分利用沙漠丰富的日照资源发电，而且遮光挡风，减少沙区水分蒸发。地下种植了生物固氮先锋——甘草，不断增加沙地肥力。光伏板间，养殖牛、羊、鹅等。这一项目规划实施 1GW（吉瓦），目前已建成并网发电 310MW（兆瓦），治沙面积 2 万亩，每年发电 5 亿千瓦时，实现销售收入 4.5 亿元。周边贫困户转租沙地或以沙地入股，通过养殖、清洗光伏电板等，有了稳定、可观的收入。

在亿利、伊泰等龙头企业的带动下，参与治沙和沙产业开发的企业数量达到 80 多家，一大批沙漠生态产业在昔日的茫茫大漠上如雨后春笋般生长：伊泰百万亩碳汇林工程、绿远梭梭嫁接肉苁蓉、天骄沙棘饮料、高原杏仁露、源丰生物质热电、同圆工业治沙项目、响沙集团的 5A 级旅游景区……

① 吴勇、张枨、寇江泽：《形成合力，推动绿富同兴》，《人民日报》2018 年 8 月 7 日，第 1 版。

农牧民市场化参与。农牧民是“沙魔”的受害者，也是治沙的参与者、受益者。企业产业化投资，解决了“钱从哪里来”的问题。治沙，还需要大量劳动者。通过政府政策引导和龙头企业带动，广大农牧民特别是贫困群众的治沙致富积极性被充分调动起来。

59岁的高某是独贵塔拉镇杭锦淖尔扶贫新村村民，以前因为穷，他得了个外号“高要饭”。2004年，亿利集团鼓励有能力的农民工牵头组建治沙民工联队，承包生态种植工程，高某积极响应。他承包的生态工程从几十亩、几百亩，逐步发展到上千亩，他也成为远近闻名的“百万元户”。

在库布齐沙漠，活跃着232支这样的亿利民工联队，5820人成为生态建设工人。许多农牧民拥有了沙地业主、产业股东、旅游小老板、民工联队长、产业工人、生态工人、新式农牧民等新身份，人均年收入达到3.6万元。[①]

科技持续化创新。对于沙漠治理，要遵循保护优先、科学治理、适度利用的原则，尊重自然规律，因地制宜。当地政府根据库布齐沙漠沙化的土地类型和自然、社会、经济条件，坚持“先易后难、由近及远、锁边切割、分区治理、整体推进”的原则，采取“南围北堵中切割”的治理措施，一方面，配合全市农牧业经济“三区”发展规划，在生态严重退化、不具备农牧业生产条件的区域，实施人口集中转移、退耕、禁牧、封

---

① 武卫政等：《百折不挠，创造绿色奇迹》，《人民日报》2018年8月6日，第1版。

育等措施，增强生态的自然修复能力；另一方面，在立地条件较好的区域，采取人工造林、飞播造林等方式，建设乔、灌、草结合的锁边林带，形成生物阻隔带，阻止沙漠北侵黄河和向南扩展。同时，依托10条大的季节性河流和在库布齐沙漠境内修建多条穿沙公路，将沙漠切割成块状进行分区治理。在季节性河流两岸营造护堤林、护岸林、阻沙林带，在穿沙公路两侧设置沙障、人工植树种草等，建成一道道绿色生态屏障。

在长期实践中，治沙技术也不断推陈出新。

沙漠治理应该选用什么树种？中国林科院一名防沙治沙首席专家说：“治沙要采用适地适树原则，低密度覆盖治沙，尽量选取乡土树种，乔、灌、草结合，增加植被多样性，提升固沙效果，因地制宜，宜乔则乔、宜灌则灌、宜草则草、宜荒则荒。”按照这一原则，亿利集团建成中国西部最大的沙生灌木及珍稀濒危植物种质资源库，为扩大治沙成果打下了坚实基础。

选对了树种，怎么种也有讲究。在独贵塔拉镇那日沙种植示范点，亿利集团的技术人员演示了几种植绿治沙专利技术。

微创气流植树法。过去种树要先用铁锹挖出一个大坑，再放树苗、浇水，种一棵树得十几分钟，种完以后将干土填回去，树苗吸收不到充足水分，费时费力又费水，成活率还低。采用微创气流植树法，只需将一根长长的硬水管插入沙丘，水压立刻在沙地上冲出一个深约1米的细小孔洞，在拔出水管的同时，立刻将一株沙柳插入孔洞，即栽植完毕。几个环节一气呵成，只要10秒钟。这种方法减少了土壤扰动，对生态破坏性小，可保证土壤墒情，一次最多消耗 3 升水，既能解决沙漠里种树水源不足的问题，成活率也由过去的 20% 左右提升到 80% 以上，同时一亩地节约沙障制作成本 1000 元以上，一举三得。

甘草平移种植技术。甘草是名贵药材，适合在沙漠里生长，固氮作用很大，改土效果明显。甘草一般是竖着长的。一棵甘草竖着长，治沙面积只有 0.1 平方米；现在，新的甘草种植技术被广泛应用于亿利集团的种植基地。怎么种？但见一台拖拉机拉着犁具前行，犁具上坐着 4 名工人，他们迅速将手中的甘草苗横着放进刚翻开的沙沟，拖拉机继续前进，犁具又把沙子覆盖在沙沟上。横着长，治沙面积能达到 1 平方米。①

如今，站在库布齐沙漠中段达拉特旗银肯敖包上，极目远眺，沙区新景尽收眼底。画面中间地带，金黄色的沙丘绵延起伏，脚下和远方是大片大片的绿色植被，将沙漠牢牢锁住。

库布齐是中国荒漠化治理的一个缩影，自 2000 年以来，全国荒漠化和沙化土地面积连续三个监测期保持“双减少”：全国荒漠化土地从 20 世纪末年均扩展 1.04 万平方公里转变为年均缩减 2424 平方公里；沙化土地面积从 20 世纪末年均扩展 3436 平方公里转变为年均缩减 1980 平方公里。②

土地荒漠化被称为“地球的癌症”。据联合国防治荒漠化公

---

① 张枨、吴勇、寇江泽：《科学治沙，支撑绿色成长》，《人民日报》2018 年 8 月 8 日，第 4 版。

② 本书编写组：《十八大以来新发展新成就》，人民出版社 2017 年版，第 880 页。

约组织调研预测，到2020年，全球将有超过5000万人因居住地荒漠化而被迫迁徙。卓有成效的库布齐沙漠治理模式，成为中国开出的一个神奇“药方”。

## 四、从“闲人免进”到“城市客厅”：中国如何破解“邻避”困境

今天，全世界每年产生的城镇和农村生活垃圾约35亿吨。根据住建部的统计数据，2017年中国城市生活垃圾清运量已超过2亿吨，巨量垃圾形成的“垃圾围城”早已成为城市光鲜外表下久难治愈的隐痛，成为比雾霾影响范围更广、更严重、更深远、更持久的环境污染。[①]

中共十九大报告将垃圾处理问题列入了亟待解决的“突出环境问题”。《“十三五”全国城镇生活垃圾无害化处理设施建设规划》要求，截至2020年底，设市城市生活垃圾焚烧处理能力占无害化处理总能力的50%以上。[②]城市里的生活垃圾，最终的归宿主要有以下几种：焚烧、堆肥、填埋。相比其他两种方式，垃圾焚烧发电以绿色能源技术为支撑，具有污染小、占地少、减量化、可循环的独特优势，逐步成为中国多数城市垃圾处理的主

① 陈臻、何翔：《“垃圾围城”的困境与出路》，《能源》2019年第8期，第94—96页。

② 《“十三五”全国城镇生活垃圾无害化处理设施建设规划》，国家发改委网站，2016年12月31日。

流模式。

但是，城市生活垃圾焚烧处理厂建在哪里，却成了一个问题。民众出于环保和健康方面的考虑，反对将垃圾处理厂、变电站等公共设施建在自己家附近，从而产生“邻避”冲突。

2011 年 11 月 28 日，由联合国环境规划基金会和中国 5 家环境保护协会共同主办的“绿色中国 2011 · 环保成就奖大型评选”颁奖典礼在香港举行。常州垃圾焚烧发电项目被授予“绿色中国 2011 · 杰出环境治理工程”奖。①

常州市垃圾焚烧发电厂地处武进区遥观镇，进入厂区，一方景观池显得格外多姿，池水清澈见底，喷泉腾空而舞，沿岸杨柳垂荫，亭台水榭，如置身园林中。穿过林荫道，一幢蓝白搭配的大楼映入眼帘，墙面绘有人、鸟、城市建筑等自然、环保元素，与蓝天白云相映衬，这便是主厂房。厂区里的一座钟楼，实际是个烟囱，却几乎看不到烟气。办公楼前，一块“游客服务中心”的牌子和一旁的持证专业导游，使人觉得像是走进了“工厂版”的苏州园林。

值得注意的是，该生活垃圾焚烧发电项目建在城镇中心区，周边不足 1000 米范围内，5 个大型小区和村落星罗棋布，购物广场、星级酒店等商埠林立，居住着近 10 万人口，最近的居民点离焚烧厂直线距离仅 200 米。这是中国唯一建设在城镇中心的垃圾焚烧发电项目，自 2008 年投运至今，未造成任何环境污染，

---

① 徐蘅、唐文竹：《常州垃圾焚烧发电项目获奖》，《常州日报》2011 年 12 月 7 日，第 A02 版。

吨垃圾发电高达 480 度以上。[①] 如今，这座垃圾焚烧发电厂，已成为与民为邻、和睦相处的典范。截至 2018 年 12 月，累计接待国内外参观考察人员 64929 人。

常州是如何做到的?

事实上，常州市垃圾焚烧发电项目在筹建伊始并非一帆风顺。项目原址是一家环境卫生综合厂，该厂存在垃圾露天堆放、垃圾焚烧工艺落后等技术和管理问题，对周边环境产生了负面影响，加重了项目的“邻避效应”。项目所处城镇中心的特殊地理位置也给项目的建设及运营带来巨大压力。

“好是好，但不要建在我家后花园。”当地群众对垃圾焚烧发电项目普遍存在担忧和顾虑，并认为垃圾焚烧发电项目会对周边环境造成严重影响，认为政府和企业会联手隐瞒相关信息。

面对不信任“坚冰”，常州市政府通过“走出去，请进来”的开放策略，积极沟通协商，有效破解了“邻避”困境。

2006 年项目刚上马，常州市政府就组织当地村民前往上海、苏州、宜兴等地垃圾焚烧发电厂，参观标杆性的垃圾焚烧发电厂的规范运营。[②]

漫天烟雾，恶臭难闻，在大多数人的想象中，垃圾焚烧发电厂应该是和垃圾中转站、垃圾填埋场没有两样的。但在上海等地

---

① 秋冰、徐蘅、陈琍：《常州生活垃圾无害化处理领跑全省》，《常州日报》2017 年 9 月 19 日，第 A01 版。

② 刘晓星：《垃圾焚烧，虎项金铃谁解得？》，《中国环境报》2016 年 5 月 13 日，第 8 版。

的参观完全颠覆了他们的想象。他们看到的不是“脏、乱、差”，而是洁净的厂房、规范的操作、零污染。

“走出去”，让村民们眼见为实，减少了他们对垃圾焚烧发电项目的抵触心理，政府和民众之间的不信任“坚冰”开始慢慢融化了。

别人是做得不错，你们能达到这个标准吗？村民们还是有顾虑。项目建成后，政府和企业又把垃圾焚烧发电项目周边的社区居民“请进来”，主动邀请他们亲身体验环保设施的建设和运行情况，并接受居民们的监督。

为了直观形象地向参观者展示项目情况，普及环保知识，企业精心设计了参观路线，打造了专门的参观通道。参观者进入后，首先接受安全教育和观看宣传片；走过参观走廊，两侧墙上是工艺流程及设备图，通过大幅玻璃窗可以更好地看到核心设备的工作状态；中控室大屏显示设备运行数据，满足参观者的探求欲与好奇心。

在中央控制室内，居民们看到，工程技术人员坐在电脑前忙碌着，大屏幕上实时显现出垃圾焚烧发电的整个过程。中央控制室是垃圾焚烧发电厂的指挥中心，监控着包括二氧化硫、一氧化碳、氮氧化物、氯化氢、粉尘等有害物质的排放情况以及整个电厂的运行情况。从大屏幕上的数据可以看出，垃圾焚烧发电厂的烟气排放指标符合国家和欧盟标准。

开放是最好的“润滑剂”，通过信息公开、实地参观、现场讲解演示，公众了解了垃圾产生、收集、转运、处理的全过程，增强了垃圾处理的科学认知和监督意识。邻近的剑湖村村民说：“原来以为垃圾焚烧厂又臭又脏，根本踏不进脚，但进厂一看，完全改变了以前的认识。”

为了让环保设施开放成为规定动作，常州市垃圾焚烧发电项目将每月的第一个周末设为公众开放日。

在常州光大厂门口，竖立着一块格外醒目的LED液晶显示屏幕，上面显示着烟气排放均值以及与国内、欧盟标准的对比，实时指标显示，排放数值均低于欧盟标准。

“我们不怕监测数据的公开，公开对我们来说是一种保护，公众看到实时监测数据，自然就会放心。”

常州市利用互联网等技术建立全过程的监督体系。常州市垃圾焚烧发电项目烟气排放的各项指标与常州市环保部门实时在线联网，主动接受政府部门的监督。常州市城市管理局设立项目运营监管办公室，长期派驻3名工作人员全过程监管项目运营情况。[①]

垃圾扰民，首先是运输过程中的污水滴漏、臭气扰民。为改善厂区外的卫生环境，常州市城市管理局投入资金，更换并修复垃圾运输车辆，大大改善了垃圾运输车辆质量，减少跑、冒、滴、漏等现象，加大臭气外溢控制，优化垃圾车运输路线，加强对运输车辆监管和周边运输道路的保洁工作，消除垃圾运输车辆在运输过程中对周边环境可能产生的影响。

① 王伟健：《垃圾焚烧厂如何与民为邻》，《广西电业》2014年第7期，第103—104页。

人们反对在自家周边建设垃圾焚烧项目，主要是担心堆放生活垃圾会产生臭气、垃圾渗滤液以及焚烧过程中会产生污染。常州市城市生活垃圾焚烧发电项目采用国际先进的机械炉排炉技术，通过建设全封闭的垃圾堆场，并采用厌氧、好氧、超滤、纳滤、反渗透等组合技术工艺，烟气排放指标全面达到了欧盟2010 标准，渗滤液也全部达标并回用，做到了“全回用、零排放”。[①]

在垃圾焚烧发电厂里，垃圾仓是全密封的，底部由厚重的混凝土浇筑而成，周围有四组强劲的抽风机不间断地抽风，抽出的气体被送入炉膛内焚烧。通过抽风，垃圾仓内始终保持负压状态，臭气根本无法溢出。

在垃圾仓吊车控制室内，工作人员操控着抓斗，将垃圾投入焚烧炉内。操作员与数万吨垃圾只隔着一块玻璃，但控制室里一点异味都没有，操作员也没有戴口罩。[②]

垃圾在焚烧过程中会产生烟气，但焚烧产生的烟气并不是直接排入大气，而是要经过严格的处理。垃圾焚烧发电厂采用“SNCR（无催化还原脱氮）+ 半干式反应塔 + 干法 + 活性炭喷射 + 布袋除尘”的烟气净化工艺。焚烧炉的烟气进入烟气净化系统后，首先由石灰浆进行化学反应，除去烟气中的酸性物质；

---

① 刘晓星:《垃圾焚烧，虎项金铃谁解得？》,《中国环境报》2016 年 5 月 13 日，第 8 版。

② 《新型垃圾焚烧发电厂是这样的……》，《南昌日报》2017 年 11 月 12 日，第 1 版。

进而由活性炭吸附其中的重金属、二噁英等物质，最后再通过层层布袋的截留，才将剩余的烟尘排放出去，烟气排放指标达到欧盟 2010 标准。[①]

常州市垃圾焚烧发电项目在建设运营过程中，通过增加就业机会、村企共建、定期座谈交流等活动，积极打造“政—企—民”利益共同体。

项目建设前，积极与周边居民进行交流互动，结合实际需求为居民提供就业机会。同时，加强与厂区周边居民联动，资助改善周边社区公共资源配置，使项目真正融入社区。项目建成以来，常州市政府与企业协同推进，建立多维度“政—企—民”信息沟通渠道与机制。剑湖村村委、钱家塘社区、河苑家园社区等村（社区）还与企业建立定期沟通联系机制和居民定期参观座谈机制，合作共建村（社区）环保科普教育基地。事实证明，企业和社区之间双向交流的对话机制有助于促进运营商与公众之间的相互信任。

高标准建设厂房设施，严格控制工艺流程和污染物排放，及时公开信息，多与周边居民互动，全面接受社会监督，这就是常州破解“邻避”困境的钥匙。正是靠着这把钥匙，常州打开了民众的心扉，赢得了 10 万居民的信任。

2017 年，原环境保护部、住房和城乡建设部联合印发《关于推进环保设施和城市污水垃圾处理设施向公众开放的指导意见》，

① 王伟健：《垃圾焚烧厂如何与民为邻》，《广西电业》2014 年第 7 期，第 103—104 页。

在全国范围内启动环境监测设施、城市污水处理设施、城市生活垃圾处理设施、危险废物和废弃电器电子产品处理设施等四类设施向公众开放工作，要求各类设施开放单位每两个月至少开放一次。对开放工作的组织领导、组织形式、舆论宣传、总结推动等做了细致规定，推动公众开放工作常态化、规范化。[①] 2018 年，两部委已陆续公布全国环保设施和城市污水垃圾处理设施开放单位 635 家，覆盖了全国 30% 的地级及以上城市，2020 年底前将达到 100%。

有了常州武进，有了上海老港，我们相信，在未来的中国，“邻避效应”将不再成为困扰。

① 《关于推进环保设施和城市污水垃圾处理设施向公众开放的指导意见》，《环保工作资料选》2017 年第 6 期，第 32—34 页。

**图书在版编目（CIP）数据**

时代之问：中国共产党如何领导新的社会革命 / (法) 魏柳南著；池宗华译. — 北京：党建读物出版社，2021.8

ISBN 978-7-5099-1410-6

Ⅰ.①时… Ⅱ.①魏… ②池… Ⅲ.①中国共产党－党的领导－研究 Ⅳ.①D25

中国版本图书馆CIP数据核字（2021）第134828号

**时代之问**

SHIDAI ZHI WEN

中国共产党如何领导新的社会革命

（法）魏柳南　著

池宗华　译

**责任编辑：** 季利清

**责任校对：** 钱玲娣

**装帧设计：** 尚刘阳

**出版发行：** 党建读物出版社

**地　　址：** 北京市西城区西长安街80号东楼（邮编 100815）

**网　　址：** http://www.djcb71.com

**电　　话：** 010－58589989/9947

**经　　销：** 新华书店

**印　　刷：** 北京盛通印刷股份有限公司

2021年8月第1版　2021年8月第1次印刷

710毫米×1000毫米　16开本　16印张　158千字

ISBN 978-7-5099-1410-6　定价：58.00元

---